LE DESSIN

POUR

L'APPRENTI MAÇON ET TAILLEUR DE PIERRE

Du même auteur :

Le dessin pour l'apprenti chaudronnier, tôlier, ferblantier, plombier, zingueur, 1949 - reprint 2011

Le dessin pour l'apprenti forgeron, 1924-1951 - reprint 2011

LE LIVRE DE LA PROFESSION

LE DESSIN

pour l'apprenti

MAÇON ET TAILLEUR DE PIERRE

PAR

J. FOURQUET

Professeur de l'Enseignement technique

NOUVELLE ÉDITION

remaniée et augmentée de sujets proposés au C.A.P.

ÉDITIONS EYROLLES

61, boulevard Saint-Germain — PARIS (5e)

Reprint 2011

ÉDITIONS EYROLLES
61, bd Saint-Germain
75240 Paris Cedex 05
www.editions-eyrolles.com

Cet ouvrage est un reprint du titre *Le dessin pour l'apprenti maçon et tailleur de pierre, nouvelle édition normalisée et augmentée de sujets proposés au C.A.P. (Le livre de la Profession)*, paru en 1951 aux Éditions Marc Eyrolles.

ISBN : 978-2-212-12914-4

UN MOT D'INTRODUCTION
à la deuxième édition

Ce petit manuel *ne doit pas être confondu avec un cours de dessin à l'usage d'élèves dessinateurs.*

Il s'agit ici d'éléments dont la connaissance est indispensable à l'ouvrier maçon et tailleur de pierre et non d'autre chose.

Apprendre à l'apprenti de cette profession *les principes et les conventions sur lesquels reposent :*

les tracés géométriques les plus courants;

l'exécution du croquis coté d'un ouvrage déjà fait;

le croquis et le tracé rigoureux d'un ouvrage à exécuter;

la lecture d'un dessin établi en vue de l'exécution d'un travail,

voilà le but très simple que l'auteur a visé.

L'accueil empressé qui a été fait à la première édition nous permet d'affirmer qu'il a réussi à l'atteindre.

Cette nouvelle édition a été remaniée et augmentée de sujets récemment proposés aux examens du C.A.P. de quelques centres régionaux.

CONSEILS AUX APPRENTIS

Ne reproduisez jamais un tracé avant de l'avoir étudié et compris; la copie est un exercice inintelligent et sans profit.

Pour tirer tout le parti possible de ce petit manuel, observez les recommandations qui précèdent chaque chapitre et résolvez tous les exercices proposés.

PL. 1

PERPENDICULAIRES

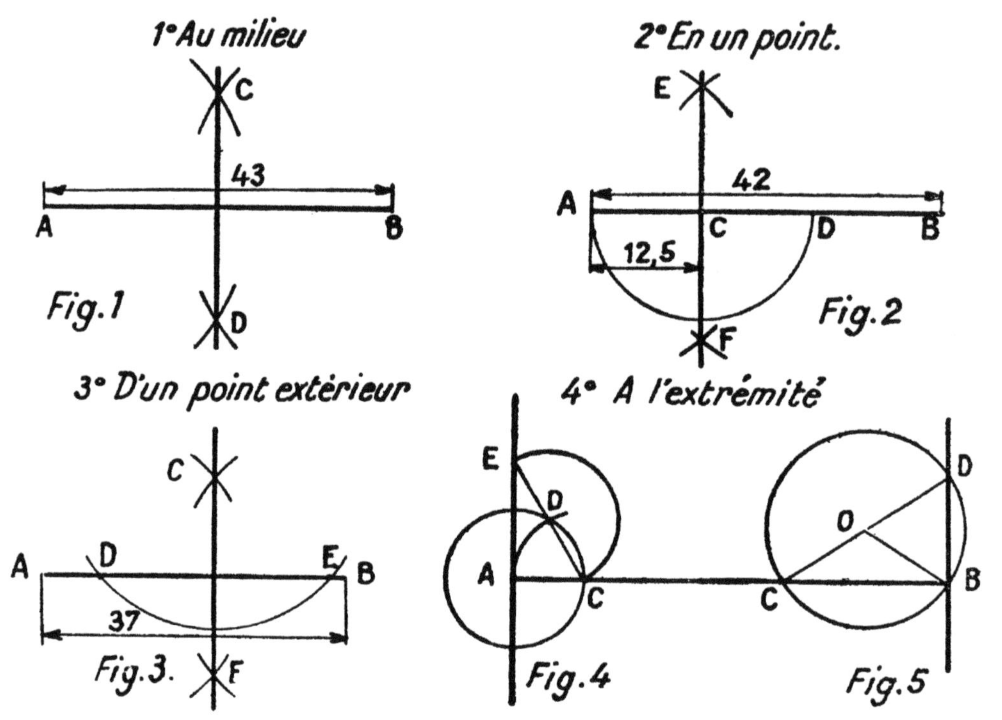

PARALLÈLES

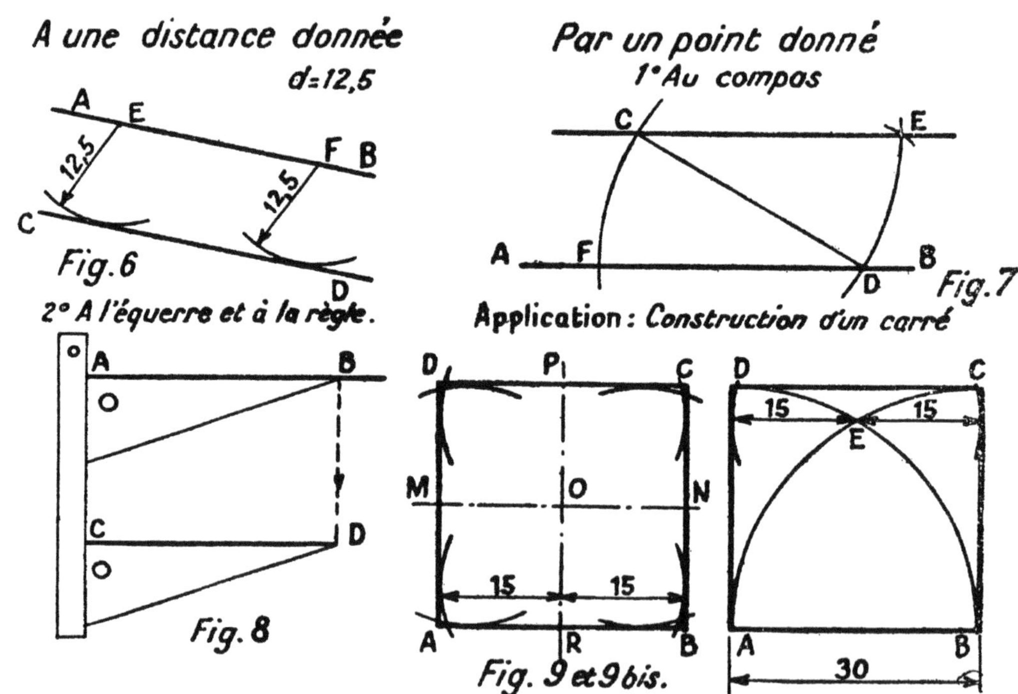

CHAPITRE I

Après avoir été apprises, les constructions de ce chapitre seront exécutées avec des dimensions plus grandes.

TRACÉS GÉOMÉTRIQUES

Planche I

PERPENDICULAIRES

1. **Perpendiculaire au milieu d'un segment de droite** (fig. 1). — 1° De chacun des points A et B comme centres, avec un rayon plus grand que la moitié de AB, décrire un arc de chaque côté de AB: ,les arcs ainsi tracés se coupent deux à deux aux décrire un arc de chaque côté de AB: les arcs ainsi tracés se coupent deux à deux aux points C et D; 2° joindre ces deux points; la droite CD est perpendiculaire au milieu de AB.

2. **Perpendiculaire en un point d'une droite** (fig. 2). — 1° Des deux côtés du point donné C, prendre deux longueurs égales AC et CD; le point C est ainsi le milieu de AD; 2° mener la perpendiculaire au milieu de AD, comme dans le tracé précédent.

3. **Perpendiculaire d'un point extérieur à une droite** (fig. 3). — 1° Du point donné C décrire un arc qui coupe la droite aux points D et E;

2° mener la perpendiculaire au milieu de DE.

4. **Perpendiculaire à l'extrémité d'une droite.** — 1er Procédé (fig. 4). — *a*) Du point A, décrire une circonférence de rayon assez grand AC et, avec le même rayon, du point C, décrire l'arc AD; *b*) tracer CD, prolonger cette droite d'une longueur DE égale à CD et mener AE.

2e Procédé (fig. 5). — *a*) D'un point quelconque O, avec le rayon OB, décrire la circonférence qui coupe la droite au point C; *b*) joindre CO et prolonger jusqu'en D; puis, mener DB.

PARALLÈLES

5. **Parallèle à une droite à une distance donnée** (fig. 6). — 1° Avec un rayon égal à la distance donnée (12mm,5), de deux points quelconques E et F suffisamment éloignés, décrire deux arcs; 2° mener la tangente commune CD à ces deux arcs.

6. **Parallèle à une droite par un point extérieur.** — 1° ***Procédé au compas*** (fig. 7). — *a*) Du point donné C, décrire l'arc qui coupe la droite AB au point D; *b*) avec le même rayon, décrire du point D l'arc CF; *c*) prendre une ouverture de compas égale à FC et la porter en DE. Joindre CE.

2° ***Procédé à l'équerre et la règle*** (fig. 8). — *a*) Appliquer l'un des longs côtés de l'équerre sur la droite donnée AB et placer la règle contre le petit côté; *b*) faire glisser l'équerre le long de la règle, jusqu'à ce que le côté appliqué sur AB passe au point donné C, et mener CD.

Application. — ***Construction d'un carré de côté donné.*** — 1° *Construire un carré de côté 30 mm sur deux axes rectangulaires MN et PR (fig. 9).* Il suffit de tracer les parallèles AB et DC à 15 mm de MN; puis, les parallèles AD et BC à 15 mm de PR.

(*La construction d'un rectangle est analogue*).

2° *Construire un carré de côté 30 mm sur une droite AB (fig. 9 bis).*

a) Porter AB = 30;

b) pour mener la parallèle DC à 30 mm de AB, décrire de A et de B les arcs de cercle de rayon AB;

c) du point d'intersection E de ces arcs, avec le rayon 15, tracer un arc de chaque côté et mener les tangentes AD et BC à ces arcs.

Exercices proposés. — 1. Construire deux axes perpendiculaires entre eux et, sur ces axes, un rectangle de 60 mm × 40 mm.

2. Construire le rectangle précédent en partant de l'un de ses grands côtés.

PL. 2

DIVISER UNE DROITE EN PARTIES ÉGALES

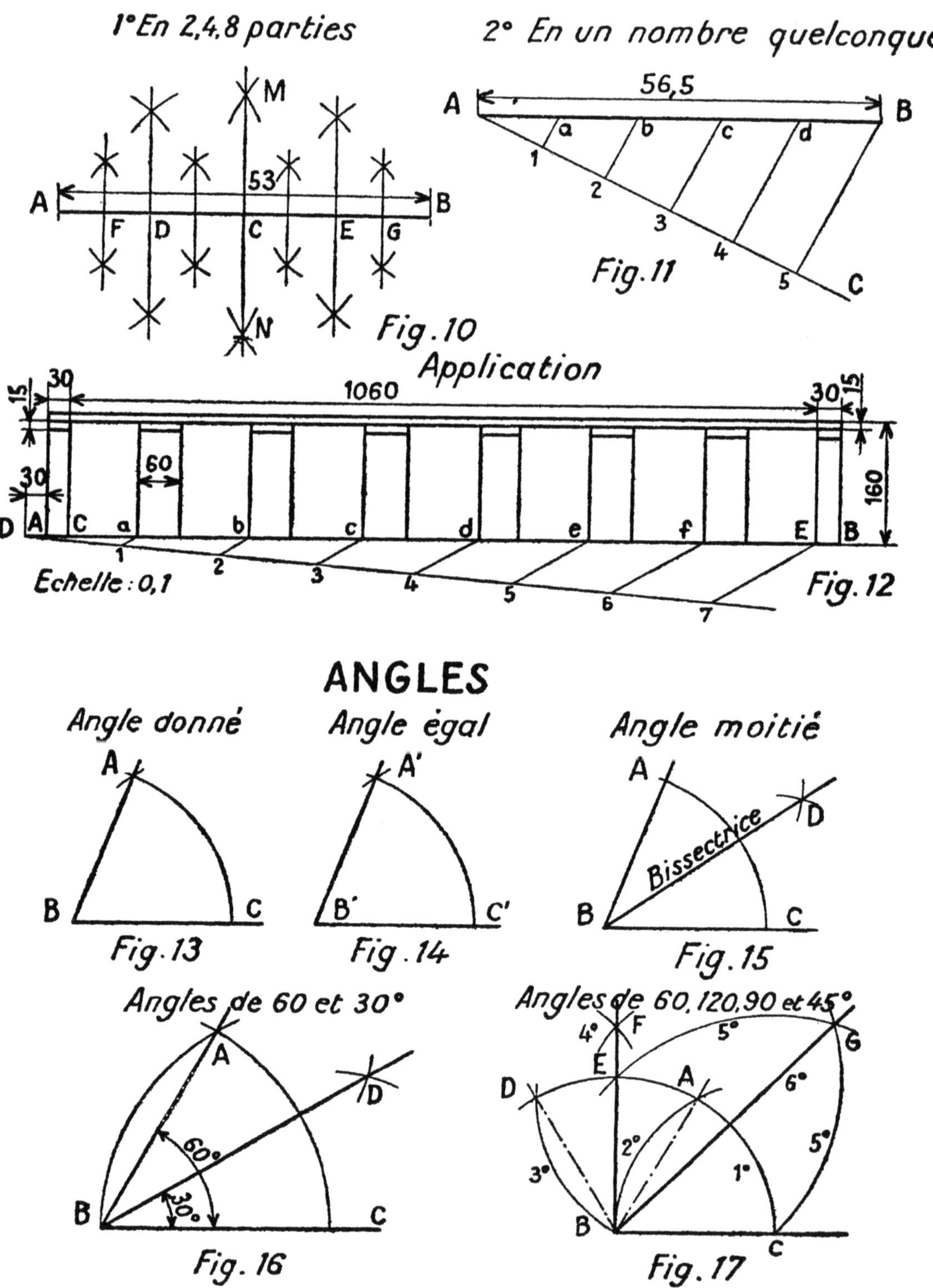

Planche 2

DIVISION D'UN SEGMENT DE DROITE EN PARTIES ÉGALES

7. 1° **En 2, 4, 8 ... parties** (fig. 10). — Pour prendre la moitié de AB, élever la perpendiculaire MN en son milieu comme il a été indiqué au § 1; on obtient le milieu C. Pour prendre le quart de AB, diviser de même chaque moitié AC et CB en deux parties égales; et ainsi de suite. La figure 10 donne la division en 8.

8. 2° **En un nombre quelconque de parties égales.** — Soit à diviser AB en 5 (fig. 11). Par le point A, mener une droite quelconque AC sur laquelle on porte cinq longueurs approximativement égales au cinquième de AB; on obtient ainsi les points 1, 2, 3, 4, 5; joindre le point 5 au point B et, par les points 4, 3, 2 et 1, mener les parallèles à la droite 5-B d'après le procédé du § 6, *b* (*fig.* 8 et 9).

9. Application. — **Tracé de denticules.** — Soit à répartir sept *denticules* sur une longueur donnée AB (fig. 12).

1° Porter AC et EB égales à 30 mm, moitié de l'intervalle compris entre deux denticules consécutives, et reporter ce demi-intervalle en AD;

2° A la longueur DE, appliquer le tracé du § 8 et reporter ensuite l'intervalle 60 mm à droite des points de division obtenus *a*, *b*, ... *f*.

ANGLES

10. **Construire un angle égal à un angle donné.** — Soient l'angle ABC (fig. 13) et la droite B'C' (fig. 14). Des points B et B', décrire deux arcs AC et A'C' de même rayon. Prendre, avec le compas, la distance CA et, du point C' comme centre, avec cette longueur comme rayon, décrire l'arc qui coupe C'A' au point A'. Il suffit de joindre A'B'.

11. **Mener la bissectrice d'un angle.** — Pour diviser un angle ABC en deux parties égales (fig. 15), décrire, du sommet B comme centre, un arc AC qui coupe les deux côtés de l'angle en A et C. De ces deux points, tracer deux arcs de même rayon qui se coupent en D. Joindre BD, c'est la *bissectrice* de l'angle ABC. On a ainsi $\widehat{ABD} = \widehat{DBC}$.

12. **Construire les angles de 60 et de 30 degrés.** — Du point B (fig. 16) décrire l'arc CA, et de C, avec le même rayon, décrire l'arc BA. Joindre AB; l'angle ABC vaut 60 degrés.

En menant la bissectrice BD de cet angle (§ 11), chacun des angles ABD et DBC vaudra 30 degrés.

13. **Construire les angles de 120, de 90 et de 45 dégrés.** — Sur BC (fig. 17) construire l'angle ABC de 60 degrés; porter AD = AC et joindre BD; l'angle ABD vaut donc également 60 degrés. En menant sa bissectrice BE (§ 11), on obtient l'angle droit CBE, car 60° + 30° = 90°.

La bissectrice BG de cet angle donne l'angle de 45 degrés CBG.

14. Exercices proposés. — **1. Construire l'angle de 75 degrés.** $\left(75 = 60 + \frac{60}{4}\right)$

2. Construire l'angle de 135 degrés; (135 = 90 + 45).

PL. 3

POLYGONES

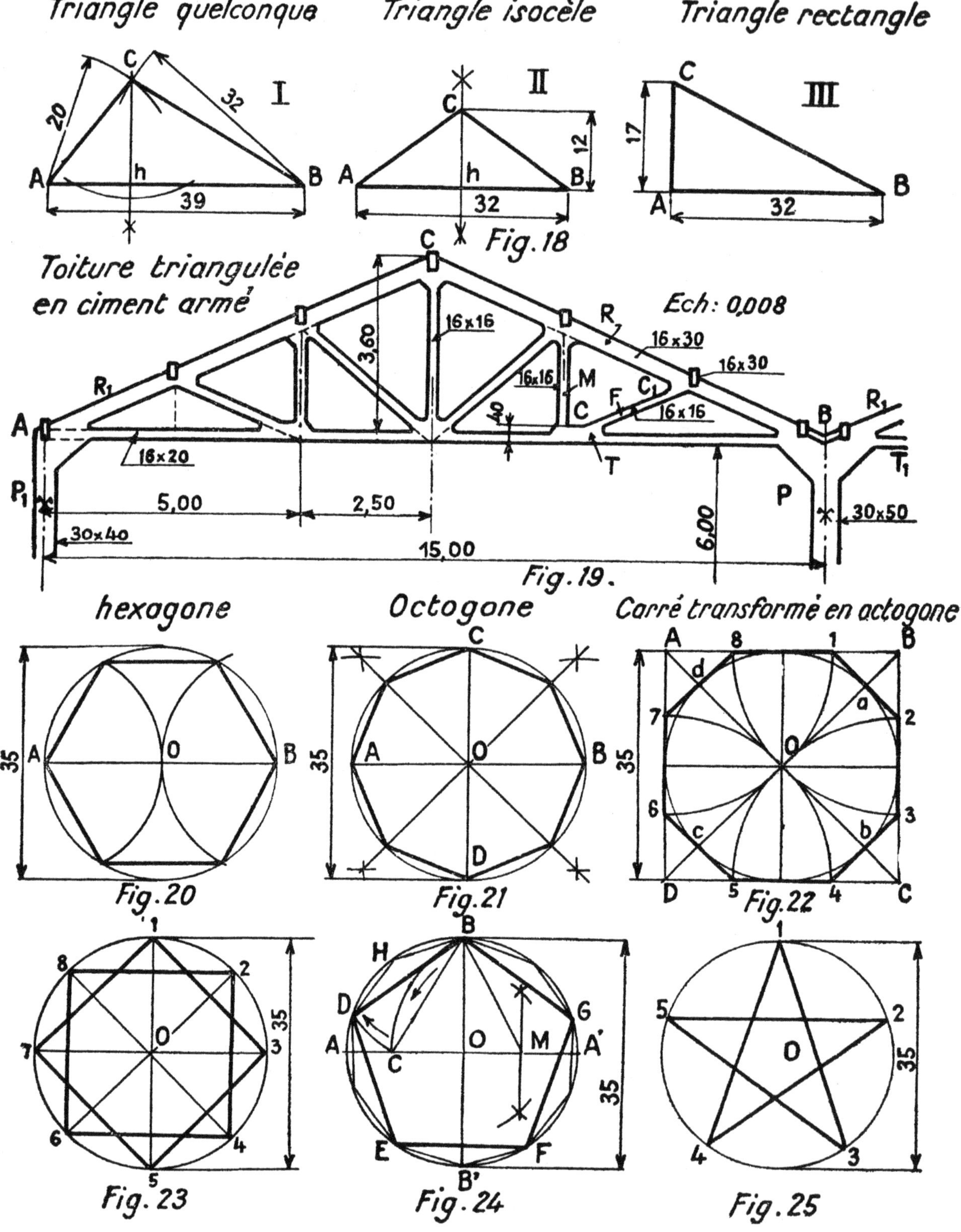

Planche 3

POLYGONES

15. **Construire un triangle dont on connaît les trois côtés.** — Soient 39, 32 et 20 mm les trois côtés donnés.

1° Tracer AB égal à l'un de ces côtés, 39 mm par exemple (fig. 18, I);

2° du point A comme centre, décrire un arc de rayon égal au deuxième côté (20 mm); opérer de même du point B, avec le rayon 32 mm égal au troisième côté; les deux arcs ainsi tracés se coupent au point C.

3° Mener AC et BC; le triangle ABC est le triangle demandé.

La perpendiculaire CH abaissée de l'un des sommets C sur le côté opposé AB est l'une des trois hauteurs du triangle ABC.

16. **Triangle isocèle.** — La construction précédente est applicable lorsque la base AB et les côtés égaux AC et BC sont donnés (fig. 18, II).

Mais si l'on ne connaît que la base AB et la hauteur CH, il suffit d'élever la perpendiculaire au milieu de AB et de porter HC égale à la hauteur donnée (12 mm).

17. **Triangle rectangle.** — Les deux côtés de l'angle droit étant donnés (32 et 17 mm), tracer AB = 32 mm (fig. 18, III), puis, la perpendiculaire AC à AB (§ 4); porter AC = 17 mm et mener BC.

18. Application. — *Tracé d'une poutre triangulée en ciment armé* (fig. 19). — Construire d'abord le triangle isocèle ABC et le décomposer ensuite en triangles, d'après les dimensions données.

19. **Inscrire un hexagone régulier** (fig. 20). — Le côté de l'hexagone régulier inscrit étant égal au rayon de la circonférence, il suffit de porter six fois le rayon comme l'indique la figure 20.

20. **Inscrire un octogone régulier** (fig. 23). — Tracer un diamètre AB et le diamètre CD perpendiculaire à AB. Mener ensuite les bissectrices des quatre angles droits ainsi obtenus; ces bissectrices divisent la circonférence en huit parties égales. Joindre les points de division.

21. **Transformer un carré en octogone régulier.** — *a*) 1er Procédé. — Soit le carré ABCD (fig. 22). Tracer les diagonales et, des sommets A, B, C, D comme centres, avec un rayon égal à la moitié de la diagonale, décrire des arcs qui passent par le centre O et qci coupent les côtés du carré aux points 1, 2, 3, 4, 5, 6, 7, 8. Joindre ces points deux à deux et l'on a l'octogone régulier.

En les joignant comme l'indique la figure 23, on obtient l'octogone *étoilé*.

b) 2e Procédé. — Incsrire la circonférence dans le carré donné et, par ses points d'intersection *a*, *b*, *c*, *d* avec les diagonales, mener les droites 1-2, 3-4, 5-6, 7-8 parallèles aux diagonales. Ces lignes sont les côtés de l'octogone demandé.

22. **Inscrire le pentagone et le décagone réguliers** (fgi. 24). — Tracer les deux diamètres rectangulaires AA′ et BB′; prendre le milieu M du rayon OA et, avec la longueur MB comme rayon, du point M comme centre, décrire l'arc qui coupe AA′ en C. Joindre BC, c'est le côté du pentagone; CO est le côté du décagone; les porter sur la circonférence.

En joignant les points de division comme l'indique la figure 25, on construit le pentagone *étoilé*.

PL. 4 APPLICATIONS

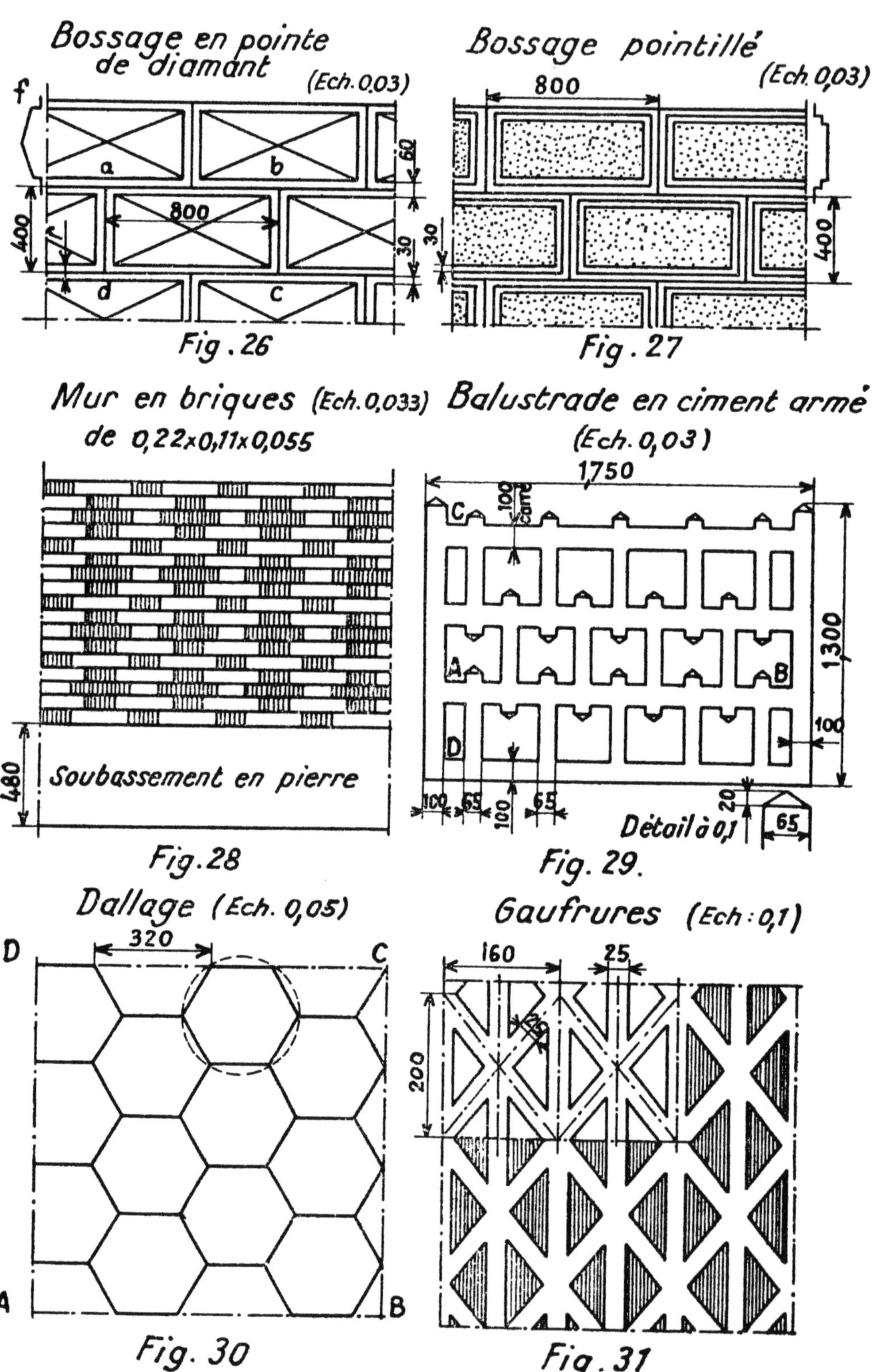

Fig. 26

Fig. 27

Fig. 28

Fig. 29.

Fig. 30

Fig. 31

Planche 4

APPLICATIONS

23. **Bossages.** — Comme leur nom l'indique, les *bossages* sont des parties en relief produites dans une maçonnerie en pratiquant sur le pourtour de chacune des pierres *abcd* (fig. 26) une *ciselure* plus ou moins profonde et plus ou moins large *f*. Deux ciselures voisines forment le *refend r* qui sépare les deux bossages.

Ces derniers sont à parement plan et uni (1) ou bien affectent des formes diverses. Ainsi, les bossages représentés par la figure 26 sont dit à *pointe de diamant*; leur parement affecte la forme d'une pyramide quadrangulaire. Le parement des bossages représentés par la figure 27 est, au contraire, plan, mais *piqué*.

24. **Mur en briques.** — Les murs en briques construits sur soubassement en pierre présentent un aspect décoratif (fig. 28). Suivant les dimensions et les couleurs des briques employées, on peut obtenir des effets très variés.

25. **Balustrade en ciment armé.** — Pour tracer la balustrade représentée par la figure 29, construire les droites AB et CD perpendiculaires entre elles; puis, en appliquant le procédé du § 9, sur AB faire la répartition des barreaux et sur CD, celle des traverses. Compléter le dessin suivant les dimensions données.

26. **Dallage et gaufrures.** — La figure 30 représente un dallage formé de carreaux hexagonaux. Les *gaufrures* représentées par la figure 31 sont fouillées dans les murs ou sur les colonnes; les parties hachurées sont en creux.

27. Exercices proposés. — 1° A l'échelle 0,05, représenter dans un rectangle de 120 mm × 60 mm des bossages identiques à ceux de la figure 26.

2° Même question pour les bossages de la figure 27.

3° A l'échelle 0,1, reproduire le dessin du mur en briques représenté par la figure 28.

4° Dans un carré de 120 mm de côté, reproduire le dessin de la figure 29. Indiquer l'échelle employée.

5° Dessiner un dallage avec des carreaux hexagonaux dont le diamètre de la circonférence circonscrite est égal à 350 mm. Le dessin sera fait à l'échelle 0,08 dans un rectangle mesurant 140 mm de longueur AB et 145 mm de hauteur AD (fig. 30).

6° Reproduire, à une échelle double, la figure 31 (Tracer d'abord les lignes représentées en trait mixte).

7° Imaginer des motifs analogues à ceux des six figures de la planche 4.

(1) ***Parement,*** **surface principale apparente.**

PL. 5

RACCORDEMENTS

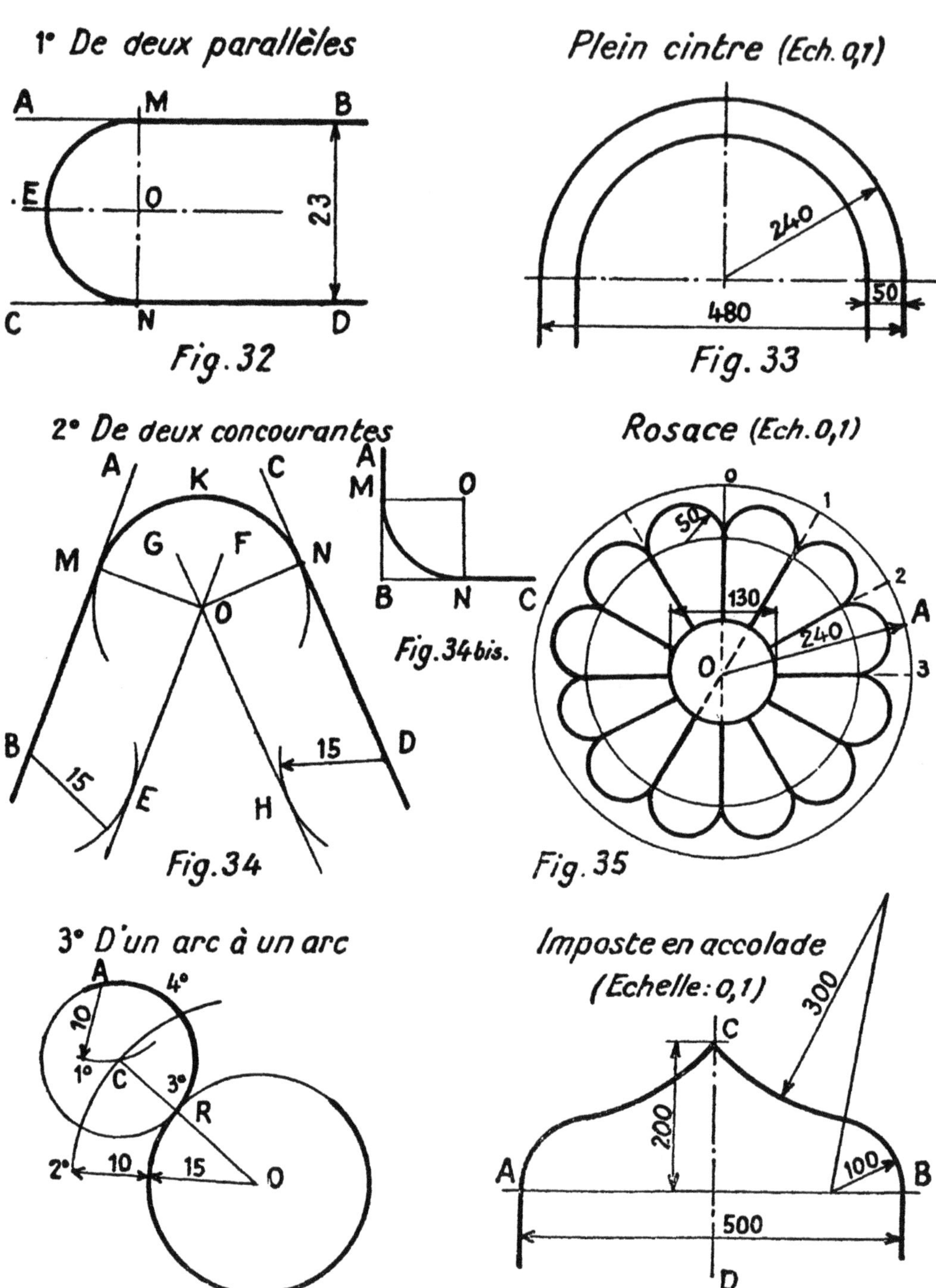

Fig. 32

Fig. 33

Fig. 34

Fig. 34 bis.

Fig. 35

Fig. 36

Fig. 37

Planche 5

RACCORDEMENTS

28. Définition. — **Raccorder** deux lignes, c'est mener un arc tangent à ces deux lignes. Les points de contact s'appellent *points de raccordement.*

29. **Raccorder deux droites parallèles.** — Soit à raccorder les droites AB et CD distantes de 23 mm (fig. 32), connaissant l'un des points de raccordement M. Mener la perpendiculaire MN à AB; elle l'est aussi à CD; le point N est le second point de raccordement. Du milieu O de MN, décrire la demi-circonférence MEN.

30. Remarque importante. — **Toute tangente est perpendiculaire au rayon du point de contact.**

31. Application. — **Tracé d'un plein cintre** (fig. 33). — Tracer les quatre verticales et les raccorder deux à deux aux cotes indiquées, réduites au dixième dans la figure 33 (*échelle 0,1*).

32. **Raccorder deux droites concourantes par un arc de rayon donné.** — Soient les droites AB et CD à raccorder par un arc de rayon 15 mm (fig. 34). Le centre cherché O devant se trouver à 15 mm de chaque droite est l'intersection des deux parallèles menées à 15 mm des droites données. Déterminer les points de raccordement M et N en menant de O les perpendiculaires OM et ON; puis, décrire l'arc MKN.

Dans le cas particulier de deux droites rectangulaires AB et BC (fig. 34 *bis*), l'arc de raccordement est un quart de circonférence.

33. Application. — **Motif de sculpture sur pierre** (fig. 35). — Diviser la circonférence de rayon OA = 240 mm, d'abord en 6, puis en 12 parties égales et raccorder les diamètres consécutifs par un arc de rayon 50 mm.

34. **Par un point donné, faire passer un arc de rayon donné tangent à un arc donné.** — Soient le point A et l'arc de centre O (fig. 36). On connaît le rayon 10 mm de l'arc qui doit passer par A et doit être tangent au cercle O. Pour déterminer le centre C, remarquer qu'il se trouve à 10 mm de A, c'est-à-dire sur un arc décrit de A avec 10 mm de rayon. Le centre cherché se trouve en outre à 10 mm de la circonférence O et, par suite, à 10 + 15 de son centre O; il est donc sur l'arc décrit de O avec le rayon 10 + 15 = 25 mm. L'intersection des deux arcs est le centre cherché C.

Joindre CO et décrire l'arc AR de centre C.

35. Remarque importante. — **Le point de raccordement R de deux arcs est sur la droite qui joint leurs centres.**

36. Application. — **Imposte en accolade.** — Tracer la ligne de base AB, (fig. 37) et l'axe CD, perpendiculaire au milieu de AB. Déterminer ensuite le sommet C, à 200 mm de AB; décrire les arcs qui passent par les extrémités de AB (rayon 100 mm et appliquer le tracé du § 34).

Nota. — 1° L'exécution des raccordements exige une grande précision dans les tracés.

2° On ne tracera jamais les arcs qui raccordent avant d'avoir déterminé les points de raccordement en menant les perpendiculaires aux tangentes et les lignes des centres.

PL.6 RACCORDEMENTS

Raccorder une droite et un arc par un congé de rayon donné

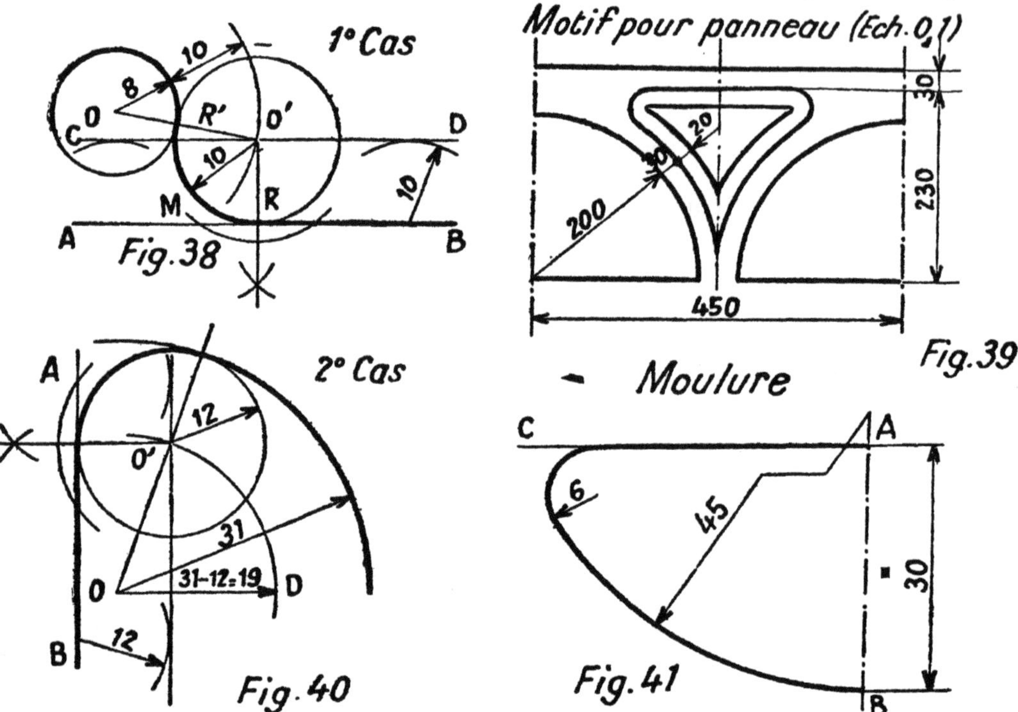

Fig. 38

Fig. 39

Fig. 40

Fig. 41

Raccorder deux arcs donnés par un congé de rayon donné

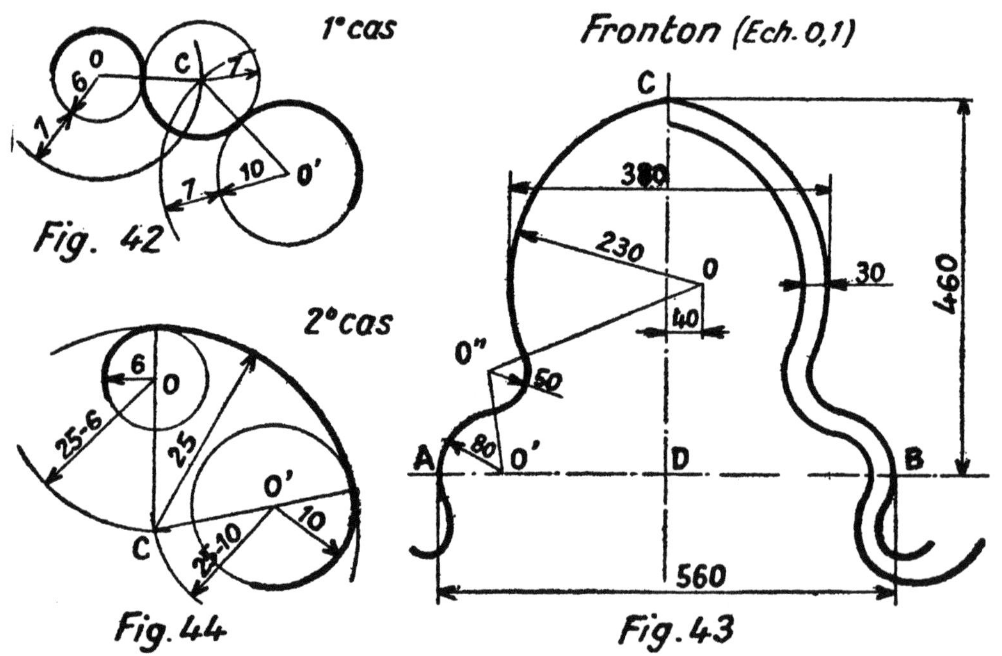

Fig. 42

Fig. 43

Fig. 44

Planche 6

RACCORDEMENTS (*suite*)

37. **Raccorder une droite et un arc par un arc de rayon donné.** — 1er Cas (fig. 38). — Soit à raccorder la droite AB et le cercle de centre O par un arc de rayon 10 mm. Il s'agit de trouver le centre O′ de ce dernier.

Le centre cherché devant se trouver à 10 mm de AB, il est sur la parallèle CD menée à 10 mm de cette droite. Devant se trouver également à 10 mm du cercle O, de rayon 8 mm, c'est-à-dire à 10 + 8 du centre O, il est sur la circonférence décrite de ce point O comme centre avec 18 mm de rayon.

Le centre O′ étant ainsi déterminé, abaisser la perpendiculaire O′R sur AB et joindre OO′ pour avoir les points de raccordement R et R′ avant de décrire l'arc de raccordement RMR′.

38. Application. — **Motif ornemental pour panneau** (fig. 39).

39. 2e Cas (fig. 40). — Soit à raccorder la droite AB et le cercle de centre O et de rayon 31 mm par un arc de rayon 12 mm. Le tracé est analogue à celui de la fig. 37, mais le rayon de la circonférence concentrique de centre O est égal à la différence et non à la somme des deux rayons donnés (31 — 12 = 19).

40. Application. — **Moulure** (fig. 41). Tracer les droites rectangulaires AB et CA, puis, décrire l'arc de rayon de 45 mm et dont le centre est sur AB. Raccorder cet arc et la droite CA par un arc de rayon 6 mm.

Noter la façon de coter le rayon 45 de l'arc dont le centre est hors de la figure.

41. **Raccorder deux arcs par un arc de rayon donné.** — 1er Cas (fig. 42). — Soient les arcs de centres O et O′ à raccorder par un arc de rayon 7 mm. Comme il a été expliqué au § 37, décrire la circonférence de chacun des cercles O et O′ avec un rayon égal à la somme des rayons : 6 + 7 pour le cercle et 10 + 7 pour le cercle O′.

42. Application. — **Fronton** (fig. 43). 1° Tracer AB = 560 mm; mener la perpendiculaire en son milieu et porter DC = 460 mm;

2° déterminer le centre O situé à 230 mm du point C et à 40 mm à droite de CD; décrire, de ce point comme centre, l'arc de rayon 230 mm;

3° tracer l'arc de centre O′ et de rayon 80 mm, et le raccorder à l'arc de centre O par un arc de rayon 50 mm (§ 41).

Opérer de même à droite de l'axe CD et terminer le dessin en tenant compte de l'épaisseur (30 mm) du motif.

43. 2e Cas (fig. 44). — Raccordement analogue à celui du § 41, mais les arcs qui permettent de déterminer le centre C ont pour rayons les différences des rayons donnés et non leur somme comme dans le 1er cas.

44. **Exercices proposés. — Imaginer un motif de panneau, une moulure et un fronton analogues à ceux de la pl. 6. Les représenter d'abord à main levée, puis, avec les instruments de dessin.**

MOULURES

Quart de rond
Cavet
Congé
Tore ou boudin
Gorge
Fig. 45
Fig. 46
Fig. 47
Fig 48
Fig. 49
Doucine
Talon
Tore corrompu
Fig 50
Fig. 51
Fig. 52
Scotie
1° tracé
2° tracé
3° tracé
Fig. 53
Fig. 54
Fig. 55
Calibre
Echelle 1/15
I
II
Fig. 56

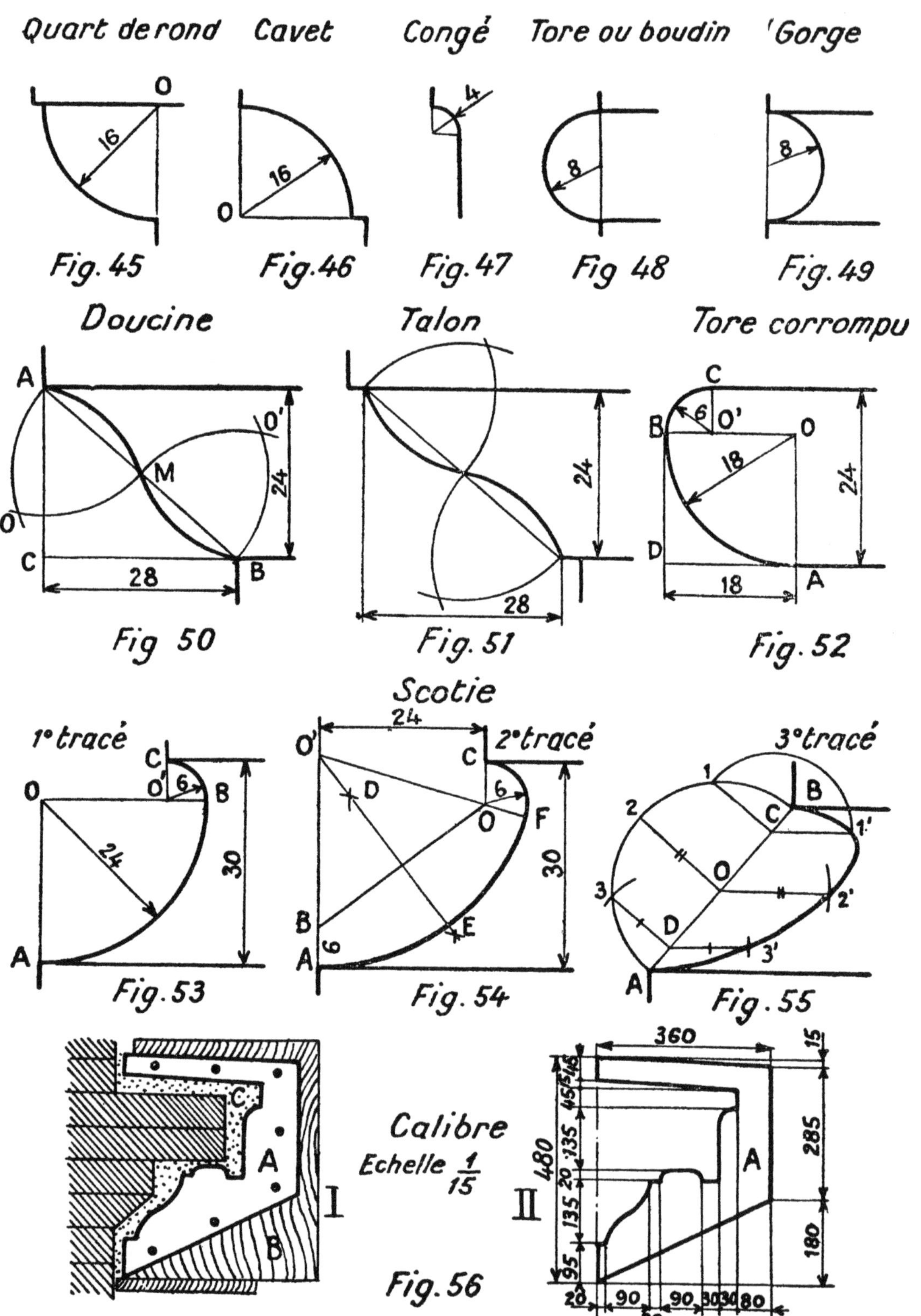

Planche 7

MOULURES

45. Définition. — Les moulures sont des ornements en saillie placés sur les objets, les ouvrages et les diverses parties d'un bâtiment.

46. Diverses sortes. — On distingue: les moulures *planes,* formées de surfaces planes, et les moulures *courbes,* composées de surfaces courbes. Lorsque le *profil* de ces dernières n'est composé que d'un seul arc, les moulures sont dites *simples* (fig. 45 à 49); elles sont dites *composées,* dans le cas contraire (fig. 50 à 55).

47. Tracé des moulures courbes. — a) *Moulures simples.* — Les moulures courbes simples sont: *le quart de rond* (fig. 45); *le cavet* (fig. 46), et *le congé* (fig. 47) dont le profil est un quart de circonférence; *le tore* ou *boudin* (fig. 48) et *la gorge* (fig. 49) dont le profil est une demi-circonférence.

b) *Moulures composées.* — 1° ***Tracé de la doucine.*** — La *saillie* CB = 28 mm et la hauteur CA = 24 mm de la moulure étant données (fig. 50), mener AB, prendre son milieu M et, avec un rayon égal à la moitié de AB, décrire, des points A, M et B comme centres, des arcs qui se coupent deux à deux aux points O et O′, centres des arcs AM et MB qu'il suffit de tracer.

2° ***Tracé du talon*** (fig. 51). — Tracé analogue au précédent.

3° ***Tracé du tore corrompu.*** — Le tore corrompu a une saillie (18 mm dans le cas de la fig. 52) inférieure à la hauteur (24 mm). Il se compose de deux quarts de circonférence raccordés. Pour le tracer, prendre pour rayon AO du grand arc la saillie donnée (égale, dans le cas considéré, aux $\frac{3}{4}$ de la hauteur, soit $24 \times \frac{3}{4} = 18$ mm) et pour rayon BO′ du petit arc, la hauteur diminuée de la saillie, soit, ici, 6 mm; puis, tracer le carré BOAD et décrire les arcs raccordés en B.

4° ***Tracés de la scotie.*** — *1er tracé* (fig. 53), identique à celui du tore corrompu.

2e *tracé* (fig. 54). — Du centre O pris sur la verticale CO, décrire l'arc CF, avec un rayon de 6 mm (ce rayon, égal dans le cas considéré au cinquième de la hauteur, peut légèrement varier). Puis, porter ce rayon en AB, mener BO et élever la perpendiculaire DE en son milieu; DE coupe le prolongement de AB au centre O′, du deuxième arc; joindre OO′ et décrire l'arc AF.

3e *tracé* (fig. 55). — Sur AB comme diamètre, décrire une demi-circonférence, la diviser en 4 parties égales, par exemple, et, par les points obtenus 1, 2, 3, abaisser les perpendiculaires sur AB; de leurs pieds C, O, D, mener les horizontales et porter sur chacune d'elles les longueurs correspondantes des perpendiculaires C – 1′ = C – 1; O – 2′ = O – 2; D – 3′ = D – 3. Enfin, joindre, à main levée, les points B, 1′, 2′, 3′, A.

48. Tracé d'un calibre en zinc (fig. 56), (tracé facile). — Le calibre en zinc A, fixé sur la planchette en bois B, sert à exécuter la moulure C par *traînage* sur le mortier préalablement appliqué.

PL. 8 ARCS ET VOÛTES

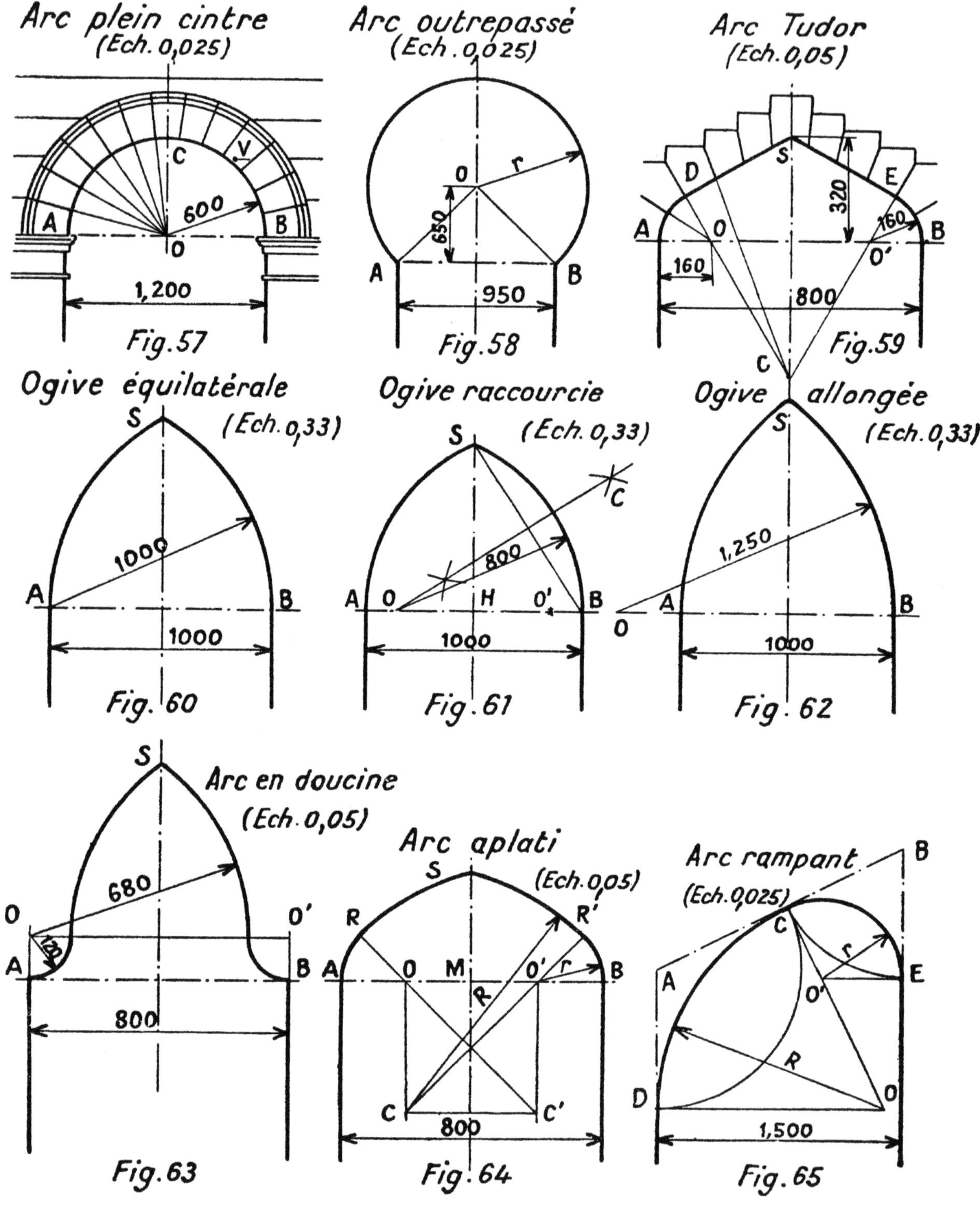

Planche 8

ARCS ET VOUTES

49. Les *arcs* et les *voûtes* affectent des formes multiples dont les principales sont représentées dans la planche 8.

50. **Arc en plein-cintre.** — *L'arc en plein cintre* est formé d'une demi-circonférence (fig. 57); sa *flèche* OC est donc égale au rayon de cette demi-circonférence, c'est-à-dire à la moitié de l'ouverture AB.

Pour tracer les *voussoirs V*, diviser la demi-circonférence en 13 parties égales et joindre les points de division au centre O.

51. **Arc outre-passé.** — Dans *l'arc outre-passé* ou en *fer à cheval* (fig. 58), le centre O se trouve au-dessus de la *ligne de naissance* AB. Son rayon est la distance OA = OB du centre O aux extrémités de cette dernière.

52. **Arc Tudor.** — Pour tracer l'*arc Tudor* (fig. 59), des points O et O′ comme centres, décrire les deux arcs de rayon $OA = O'B = \frac{AB}{5}$ par exemple, puis, du sommet donné, S, mener à ces arcs les tangentes SD et SE. On sait que OD est perpendiculaire à SD et que O′E est perpendiculaire à SE (§ 30).

Pour tracer les voussoirs, prolonger DO et EO′ jusqu'à l'axe SC et, après avoir réparti les voussoirs sur DS et sur SE, joindre aux points O, O′, C, les points de division obtenus.

53. **Ogives.** — 1° *Ogive équilatérale* (fig. 60). Du point A comme centre, avec un rayon égal à l'ouverture AB, décrire l'arc BS; opérer de même du point B comme centre.

2° *Ogive raccourcie* (fig. 61). Si le rayon de l'arc est donné (800 mm, dans le cas considéré), porter BO = AO′ = 800 mm et, des centres ainsi déterminés O et O′, décrire les deux arcs qui se coupent en S. Si c'est le point S qui est donné, mener la perpendiculaire au milieu de BS.

3° *Ogive allongée* (fig. 62). — Tracés analogues aux précédents (2°).

54. **Arc en doucine** (fig. 63). — Centres O et O′ faciles à déterminer.

55. **Arc aplati** (fig. 64). — L'ouverture AB étant seule donnée, la diviser en 4 parties égales et construire le carré OO′C′C; les points O, O′, C, C′ sont les centres des arcs à décrire.

56. **Arc rampant** (fig. 65). — L'oblique AB étant donnée, ainsi que le point C, porter AC en AD et BC en BE; puis, mener les perpendiculaires CO à AB, DO à AD, EO′ à BE; des centres O et O′ ainsi trouvés, décrire les deux arcs qui se raccordent au point C.

57. **Exercices proposés.** — 1° Construire, à l'échelle 0,1, une ogive raccourcie (fig. 61), connaissant sa hauteur HS = 750 mm et l'ouverture AB = 1 m.

2° Construire, à l'échelle de 0,9, un arc rampant (fig. 65) dont on connaît l'ouverture 1,60 m, le rayon R = 1,45 m et le rayon r = 500 mm (AB n'étant pas donnée). Appliquer les tracés des § 39 et 40.

COURBES USUELLES

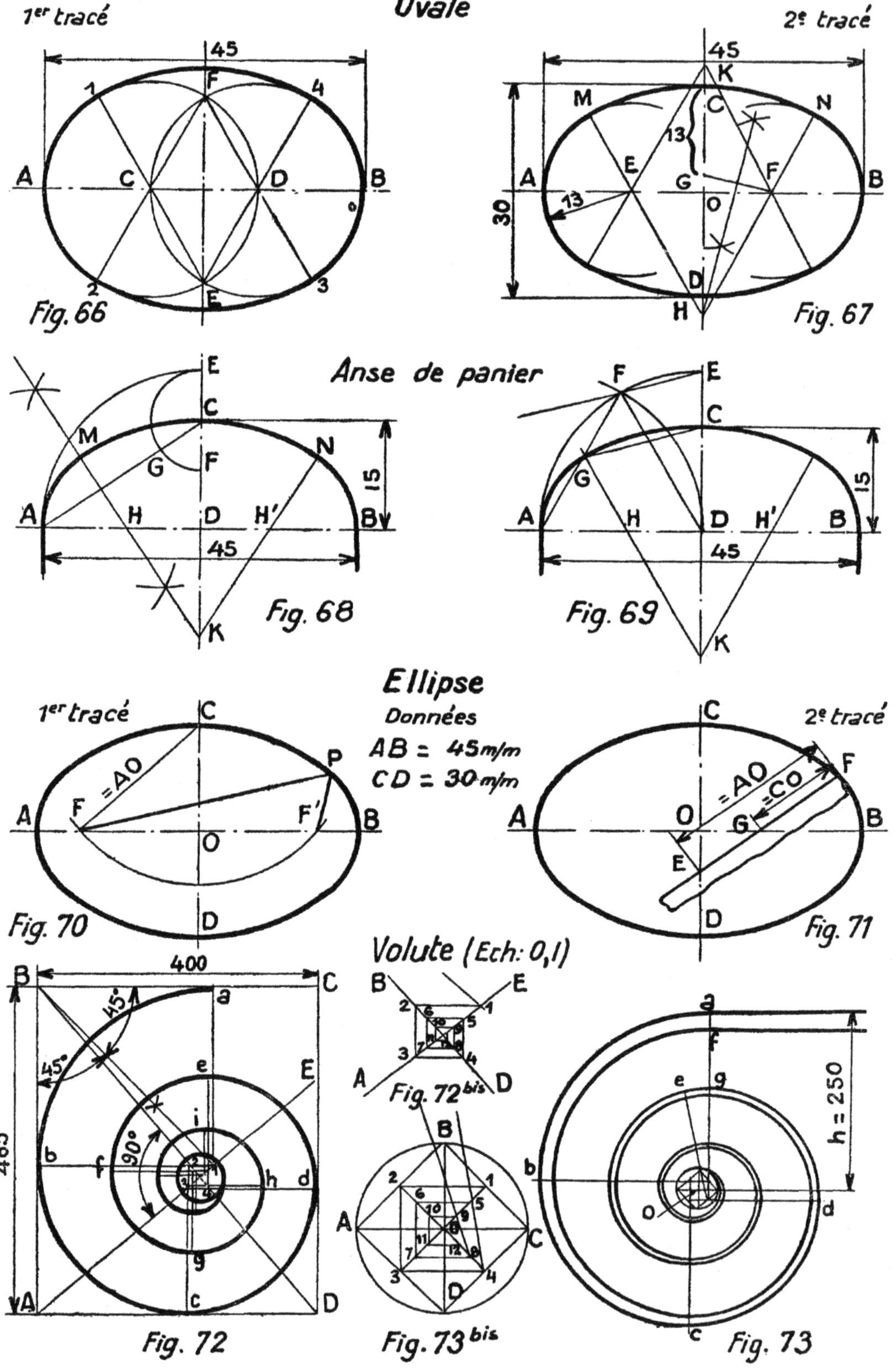

Fig. 66 Fig. 67 Fig. 68 Fig. 69 Fig. 70 Fig. 71 Fig. 72 Fig. 72 bis Fig. 73 bis Fig. 73

Planche 9. — *COURBES USUELLES*

58. **Ovale.** — 1er TRACÉ (fig. 66): *On ne donne que le grand axe AB de l'ovale.* — 1° Diviser AB en trois parties égales et décrire deux cercles, des points de division C et D comme centres, avec un rayon égal au tiers de AB: AC = CD = DB;

2° joindre EC, ED, FC, FD; prolonger ces droites et, des points E et F, décrire, avec le rayon E-1, les deux arcs qui se raccordent aux arcs primitivement tracés aux points 1, 2, 3, 4.

59. 2ᵉ TRACÉ (fig. 67): *On donne les deux axes AB et CD.* — 1° Avec le rayon 13 légèrement inférieur au tiers de AB, décrire, des points E et F comme centres, deux axes passant par les extrémités du grand axe;

2° porter CG = 13, joindre GF et mener la perpendiculaire au milieu de cette droite; elle coupe le petit axe au point H; déterminer le point symétrique K en portant OK = OH;

3° mener HE, HF, KE, KF pour obtenir les quatre points de raccordement et décrire de H et de K comme centres, avec le rayon HM, les deux arcs de raccordement.

60. **Anse de panier.** — 1er TRACÉ (fig. 68): *L'ouverture de l'anse est AB, et sa hauteur ou flèche est CD.* — 1° Porter DE égale à la demi-ouverture AD et, avec la différence CE comme rayon, décrire l'arc CGF;

2° mener la perpendiculaire *au milieu de AG;* elle coupe AB en H et l'axe en K; déterminer le point H′ en portant H′B = AH;

3° avec le rayon AH, décrire des points H et H′ comme centres, les arcs AM et BN; puis, raccorder ces deux arcs par l'arc de centre K et de rayon CK.

2ᵉ TRACÉ (fig. 69). — 1° Décrire l'arc AFE de centre D et l'arc DF de centre A;

2° joindre EF, mener sa parallèle CG, et, du point G, la parallèle CK à FD, terminer le tracé comme plus haut.

61. **Ellipse. Tracé continu.** — Soient AB = 42 et CD = 26, les deux axes de l'ellipse à construire (fig. 70): 1° Avec le demi-grand axe AO = 21 mm, du point C comme centre, décrire l'arc qui coupe AB en deux points F et F′ appelés *foyers;*

2° fixer aux foyers les extrémités d'un cordeau de longueur égale au grand axe AB; appliquer le crayon contre le cordeau, de façon que les deux brins soient bien tendus et déplacer le crayon le long du cordeau, pour tracer l'ellipse d'un mouvement continu.

Observer que, pour un point quelconque P, on a PF + PF′ = cordeau = AB.

62. TRACÉ PAR POINTS. — 1° Sur le bord bien droit d'une bande de papier, porter EF = AO et GF = CO (fig. 71); GE est donc la différence des demi-axes;

2° placer les points F et G, ainsi obtenus, sur les axes comme l'indique la figure; l'extrémité F est un point de l'ellipse.

Déterminer ainsi un certain nombre de points et les joindre à main levée.

63. **Volute.** — **1er TRACÉ. Pour inscrire une volute dans un rectangle ABCD (fig. 72) :**
1° mener la diagonale DB et abaisser la perpendiculaire AE sur DB;
2° mener la bissectrice de l'angle B; elle coupe AE au point 1 (fig. 72 et 72 *bis*);
3° par ce point 1, mener les parallèles 1-*a* et 1-*b* aux côtés AB et BC du rectangle; 1-*b* coupe DB au point 2; par ce point, mener 2-*c* parallèle à AB; 2-*c* coupe AE au point 3; par ce point, mener 3-*d* parallèle à AD; et ainsi de suite.
Les points ainsi obtenus 1, 2, 3,... sont les centres des quarts de cercle, de rayons respectifs 1-*a*, 2-*b*, 3-*c*...; tracer ces arcs.

2ᵉ TRACÉ. — 1° La hauteur (*h* = 250, par exemple) étant donnée (fig. 73), avec un rayon égal à $\frac{1}{9}$ de cette hauteur décrire la circonférence de centre O (fig. 73 et 73 *bis*); inscrire dans cette circonférence le carré ABCD, prendre les milieux des côtés de ce carré et mener 1-3, 2-4;
2° diviser en 6 parties égales les droites, 1-3 et 2-4 et joindre les points par la ligne polygonale 1-2-3-4-5... 12;
3° du point 1 comme centre, décrire le quart de criconférence *ab*; du point 2, le quart *bc*; du point 3, le quart *cd* et ainsi de suite. Tracer la volute intérieure en portant $af = \frac{ag}{4}$ et en prenant comme centres les points situés au quart des divisions 1-5 et 2-6, etc., à partir des centres 1, 2 de la premième volute.

PL.10 PROJECTION D'UN POINT

1° Sur un plan

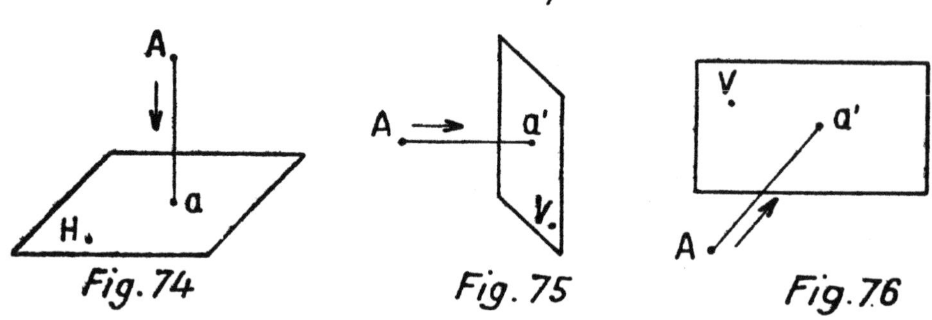

Fig. 74 Fig. 75 Fig. 76

2° Sur deux plans

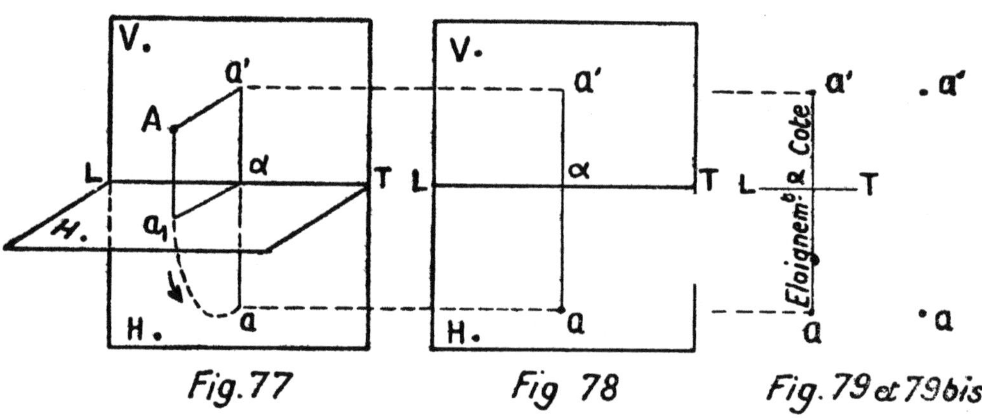

Fig. 77 Fig 78 Fig. 79 et 79bis

Quelques positions particulières du point

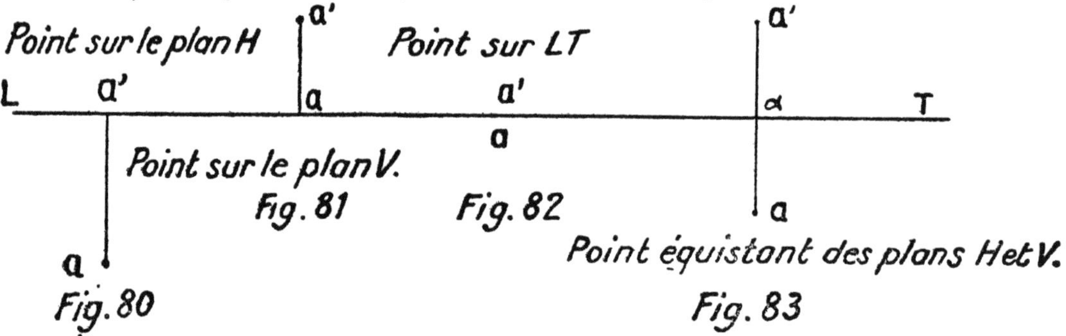

Fig. 81 Fig. 82

Fig. 80 Fig. 83

CHAPITRE II

Les éléments de ce chapitre seront étudiés à l'aide de trois planchettes articulées matérialisant les plans de projection et de tiges métalliques figurant les projetantes.

NOTIONS SUR LES PROJECTIONS

Planche 10

PROJECTIONS D'UN POINT

64. Projection sur un plan. — *La projection d'un point sur un plan est le pied de la perpendiculaire abaissée du point sur le plan.*

Ainsi la projection de A sur le plan H est le point a (fig. 74); de même, le point a' est la projection de A sur le plan V (fig. 75 et 76). Les perpendiculaires Aa et Aa' sont appelées *projetantes.*

65. Nécessité de deux projections. — Si la projection a est donnée (fig. 74), en élevant par ce point la perpendiculaire au plan H, on sait que le point A se trouve sur cette droite; mais on ignore à quelle hauteur. Une projection sur un plan vertical donnera cette dernière.

66. Projections sur deux plans. — Soit le point A (fig. 77). Il est projeté successivement sur le plan horizontal H et sur le plan vertical V, appelés plans de projection, dont l'intersection est la *ligne de terre* LT: a est la projection horizontale de A; a' est sa projection verticale.

Par a et a' abaisser les perpendiculaires sur LT; elles se coupent au point α.

67. Rabattement sur un plan unique. — Pour réunir les deux projections a et a' sur un seul plan (tableau noir, planchette, etc.), rabattre le plan horizontal H autour de LT comme charnière (fig. 77); lorsqu'il est dans le prolongement du plan vertical V, les deux projections se trouvent sur la même perpendiculaire $a'a_1$ à LT.

La figure 78 représente la même opération qui fournit la figure 79. La figure 80, dans laquelle la limite des plans H et V est supprimée, est appelée *épure du point A.* La droite aa' est la *ligne de rappel.* On dit: le point A, ou bien le point (a, a').

La hauteur du point A au-dessus du plan horizontal est la *cote* de ce point; dans les figures 77 et 78, c'est $Aa = a'\alpha$; dans l'épure (figure 79), c'est $a'\alpha$.

La distance de A au plan V est l'*éloignement* de ce point. Dans les figures 77 et 78 c'est $Aa' = a_1\alpha$; et dans l'épure, c'est $a\alpha$ (fig. 79).

Dans les croquis et dessins cotés, on supprime la ligne de terre et même la ligne de rappel (fig. 79 bis).

68. Quelques positions particulières du point. — 1° Si le point A est dans le plan H, sa cote est nulle; sa projection verticale a' est donc sur LT (fig. 80).

2° Si le point A est dans le plan V, c'est l'éloignement qui est nul (fig. 81).

3° Si le point est sur LT, la cote et l'éloignement sont nuls (fig. 82).

4° Lorsque le point est équidistant des deux plans H et V, la cote est égale à l'éloignement (fig. 83).

69. **Exercices proposés. — Dessiner l'épure : 1° d'un point dont la cote et l'éloignement sont égaux à 16 mm; 2° d'un point dont la distance au plan H est double de sa distance au plan V.**

PL.11. PROJECTION D'UNE DROITE

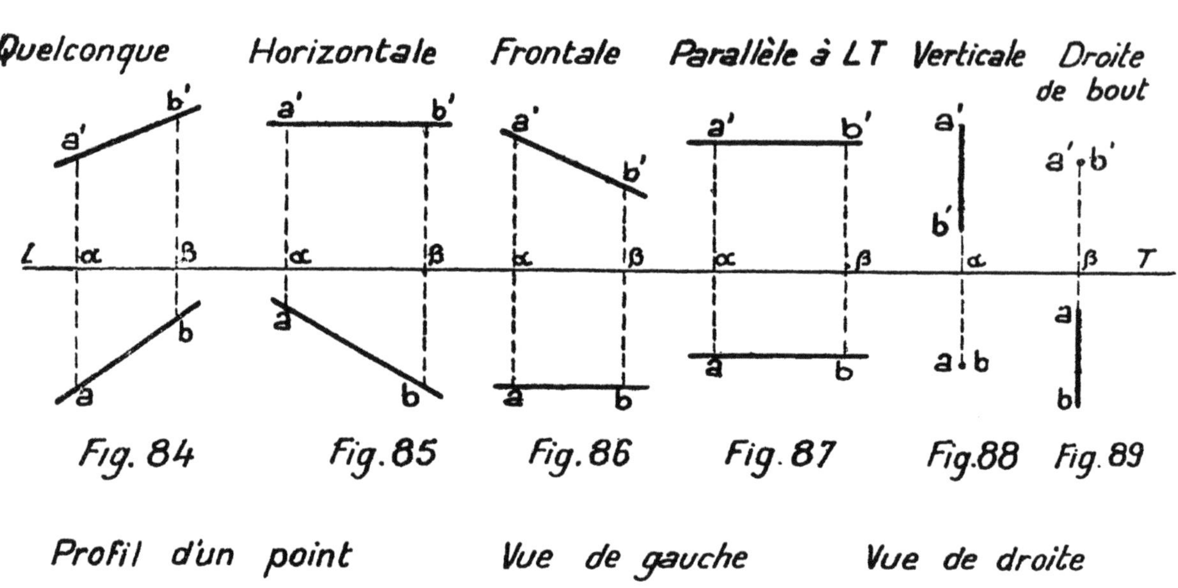

Fig. 84 Fig. 85 Fig. 86 Fig. 87 Fig. 88 Fig. 89

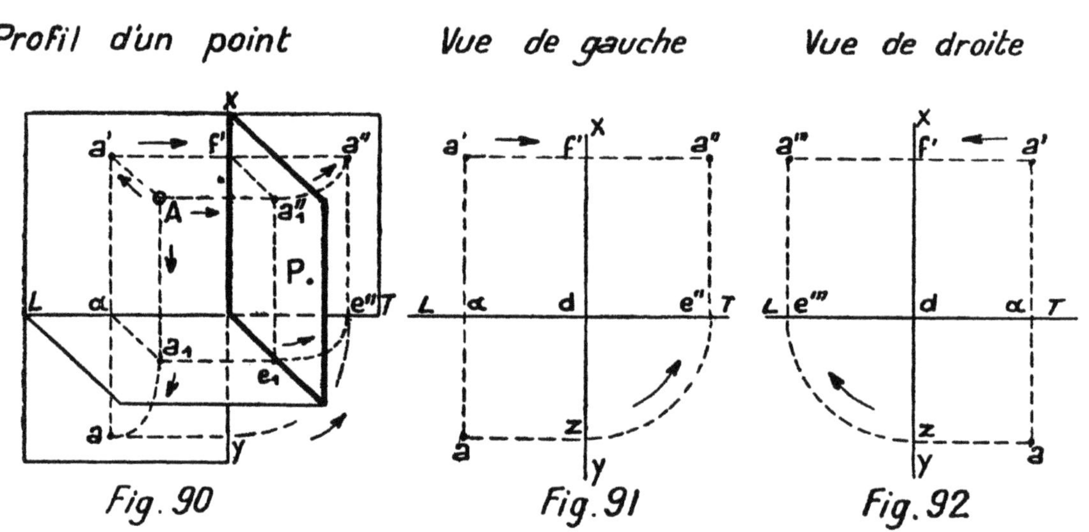

Fig. 90 Fig. 91 Fig. 92

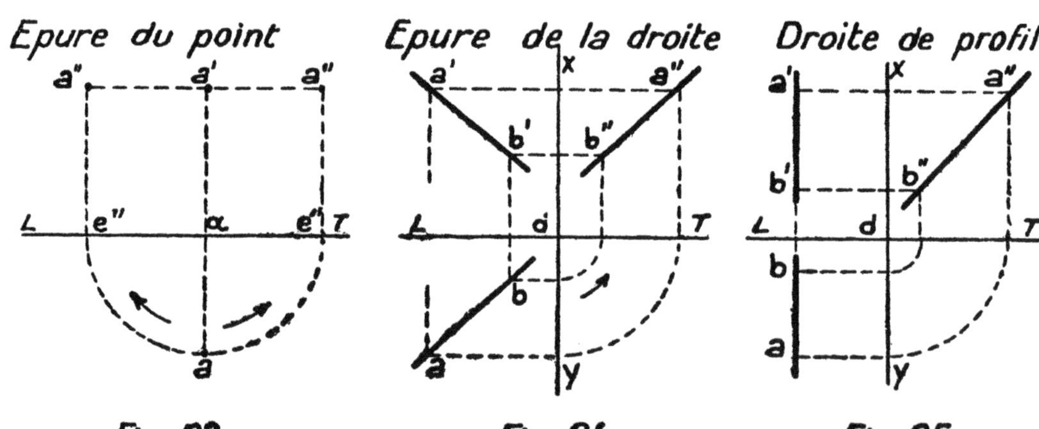

Fig. 93 Fig. 94 Fig. 95

Planche 11

PROJECTIONS D'UNE DROITE

70. **Droite quelconque.** — *La projection d'une droite sur un plan est la droite qui joint les projections de deux de ses points sur ce même plan.*

La fig. 84 donne l'épure d'une droite quelconque AB. On dit, également, la droite (*ab*, *a′b′*).

71. **Horizontale** (fig. 85). — Les cotes de tous les points d'une horizontale étant égales, la projection verticale *a′b′* est parallèle à LT.

La projection horizontale *ab* est la *vraie grandeur* du segment AB de l'espace.

72. **Frontale** (fig. 86). — Les éloignements de tous les points d'une parallèle au plan V ou *frontale* étant égaux, sa projection horizontale *ab* est parallèle à LT.

La porjection verticale *a′b′* est la *vraie grandeur* du segment AB de l'espace.

73. **Parallèle à LT** (fig. 87). — Les deux projections sont parallèles à LT.

74. **Verticale** (fig. 88). — Les projetantes de deux points A et B d'une verticale se confondent avec cette verticale; donc, elles coupent le plan H au même point. Ainsi, la projection horizontale de la verticale AB est un point (*a*, *b*); sa projection verticale *a′b′* est perpendiculaire à LT.

75. **Droite de bout** (fig. 89). — Par analogie avec ce qui vient d'être dit, on voit que la projection verticale d'une droite AB perpendiculaire au plan V, ou *droite de bout*, est le point (*a′*, *b′*); sa projection horizontale *ab* est perpendiculaire à LT.

76. **Profil d'un point.** — Dans les dessins, on a souvent besoin d'une troisième projection sur un *plan de profil* P (fig. 90), c'est-à-dire sur un plan perpendiculaire aux plans H et V, et, par suite, à la ligne de terre.

Soit le point A (fig. 90); outre les projections *a* et *a′*, on cherche la projection *a″* de A sur un plan de profil P et l'on rabat ce plan sur le plan V autour de *la ligne de mur* XY comme charnière. Dans l'épure (fig. 91), à l'aide d'un quart de cercle, on porte l'éloignement $a\alpha = dz$ en *de″* et en *f a″*. On dit que le point A est *vu de gauche.* Dans le cas de la figure 92, il est vu de droite.

77. **Epure du point** (fig. 93) et *de la droite* (fig. 94).

78. **Droite de profil.** — Une *droite de profil* est une droite située dans un plan de profil.

Les deux projections *ab* et *a′b′* d'une droite de profil AB (fig. 95) sont perpendiculaires à LT. Le profil *a″b″* est la *vraie grandeur* du segment AB de l'espace.

79. **Exercices proposés.** — **Représenter par leurs trois projections :**

1° un segment de droite horizontale de longueur 30 mm et de cote 20 mm, sachant qu'il forme un angle de 45° avec le plan V;

2° une droite du plan V, inclinée de 60° par rapport au plan H;

3° un segment de droite de profil, de longueur 40 mm, également incliné par rapport aux plans H et V.

PL. 12

FIGURES PLANES

Triangle de front — Carré de front — Carré de profil

Fig. 96 — Fig. 97 — Fig. 98

Triangle horizontal — Carré horizontal

Fig. 99 — Fig. 100 — Fig. 101 — Fig. 102

LE CERCLE

Cercle de front — Cercle oblique au plan V. — Cercle horiz! — C. oblique au plan H.

Fig. 103 — Fig. 104 — Fig. 105 — Fig. 106

SOLIDES GÉOMÉTRIQUES

I. PARALLÉLÉPIPÈDE RECTANGLE

Projections — Développement

Fig. 107 — Fig. 103 Perspective — Fig. 108

II. CUBE

Projections — Perspective cavalière — Développement

Fig. 109 — Fig. 110 — Fig. 111

Planche 12. — *PROJECTIONS DES FIGURES PLANES*

80. **Triangle de front** (fig. 96). — Les trois côtés étant de front, la projection horizontale est une droite *ac* parallèle à LT (§ 72); le profil *a″c″* est également parallèle à *xy*; enfin, la projection verticale *a′b′c′* est la *vraie grandeur* du triangle ABC.

Il en est de même pour le carré de front (fig. 97), ainsi que pour toute figure plane de front.

81. **Carré de profil** (fig. 98). — Le carré ABCD, étant de profil, se projette en vraie grandeur sur le plan de profil *xy*; ses projections horizontale et verticale se réduisent à deux droites *ac* et *a′c′* de perpendiculaires à LT.

82. **Triangle horizontal** (fig. 99). — Les trois côtés étant horizontaux, la projection verticale est une droite *a′c′* parallèle à LT (§ 71); il en est de même pour le profil *a″b″*. La *projection horizontale abc* est la *vraie grandeur* du triangle ABC.

83. **Carré horizontal.** — Dans la figure 100, le carré horizontal a deux côtés de front (AD et BC). Dans la fig. 101, c'est l'une des diagonales, AC, qui est de front; les côtés forment un angle de 45° avec le plan V. Enfin, dans la figure 102, il n'y a ni face ni diagonale de front.

84. **Cercle de front** (fig. 103). — Analogie avec le carré de la fig. 97.

85. **Cercle vertical oblique au plan V.** — Les figures 103 et 104 montrent comment on passe d'un cercle de front à un cercle oblique au plan vertical. La projection horizontale est devenue oblique à LT, et la projection verticale est devenue une *ellipse* que l'on construit point par point, en partant du cercle. Ainsi, le point (*e*, *e′*) de la fig. 103 donne le point (*e*, *e′*) de la figure 104.

86. **Cercle horizontal** (fig. 105) ***et cercle de bout oblique au plan H*** (fig. 106). (Analogie avec le cas précédent).

SOLIDES GÉOMÉTRIQUES

87. **Parallélipipède rectangle.** — *a*) **Projections.** — Un solide à six faces rectangulaires est appelé *parallélipipède rectangle*. Les trois projections (fig. 107) sont des rectangles ayant pour dimensions respectives la longueur L, la largeur *l* et l'épaisseur *e* du solide.

b) **Perspective cavalière.** — Pour construire la *perspective cavalière* du parallélipipède rectangle (fig. 108), représenter l'une de ses faces (ABCD) en vraie grandeur; puis, mener, par ses quatre sommets les obliques parallèles AH, BG, CF, DE (l'angle d'inclinaison peut varier entre 30 et 90°). Enfin, sur ces obliques qui sont les perspectives des arêtes de bout, porter une réduction de leur vraie longueur $\left(\frac{1}{2}, \frac{2}{3}, \frac{3}{4}\right)$; ainsi, $AH = \frac{ah}{2}$.

c) **Développement.** — ***Développer un solide, c'est étendre, sans pli ni déchirure, sa surface sur un plan,*** de façon que le solide puisse être facilement réalisé.

La figure 108 donne le développement, facile à construire, du parallélipipède considéré.

88. **Cube.** — Le cube est un parallélipipède rectangle dont les six faces sont des carrés égaux. Celui de la figure 109 repose par sa face CDEF sur le plan H.

Les quatre vues I, II, III et IV (fig. 110) montrent que dans la perspective cavalière les obliques, appelées *fuyantes*, peuvent avoir quatre directions différentes.

Dans un objet, certaines faces sont plus intéressantes que les autres; il est bon de choisir la direction des obliques, de façon que ces faces soient vues; le II, par exemple, permettra de montrer clairement les faces du haut et de droite; c'est la disposition la plus employée.

Le développement du cube (fig. 111) est formé de six carrés égaux à ses faces.

89. **Exercices proposés. — Représenter à trois projections :**
1° un rectangle de front mesurant 30 × 20, dont les grands côtés sont horziontaux;
2° un cercle vertical de diamètre 45 mm, faisant un angle de 60° avec le plan V;
3° une pièce à section rectangulaire (parallélipipède rcetangle) mesurant 90 × 30 × 20 et dont les deux *plats* (1) sont verticaux et de front;
4° les cubes reposant sur les carrés représentés par les figures 101 et 102.

(1) ***Plats*, les plus grandes faces latérales; les petites portent le nom de *champs* ou *rives*.**

PL.13 SOLIDES GÉOMÉTRIQUES

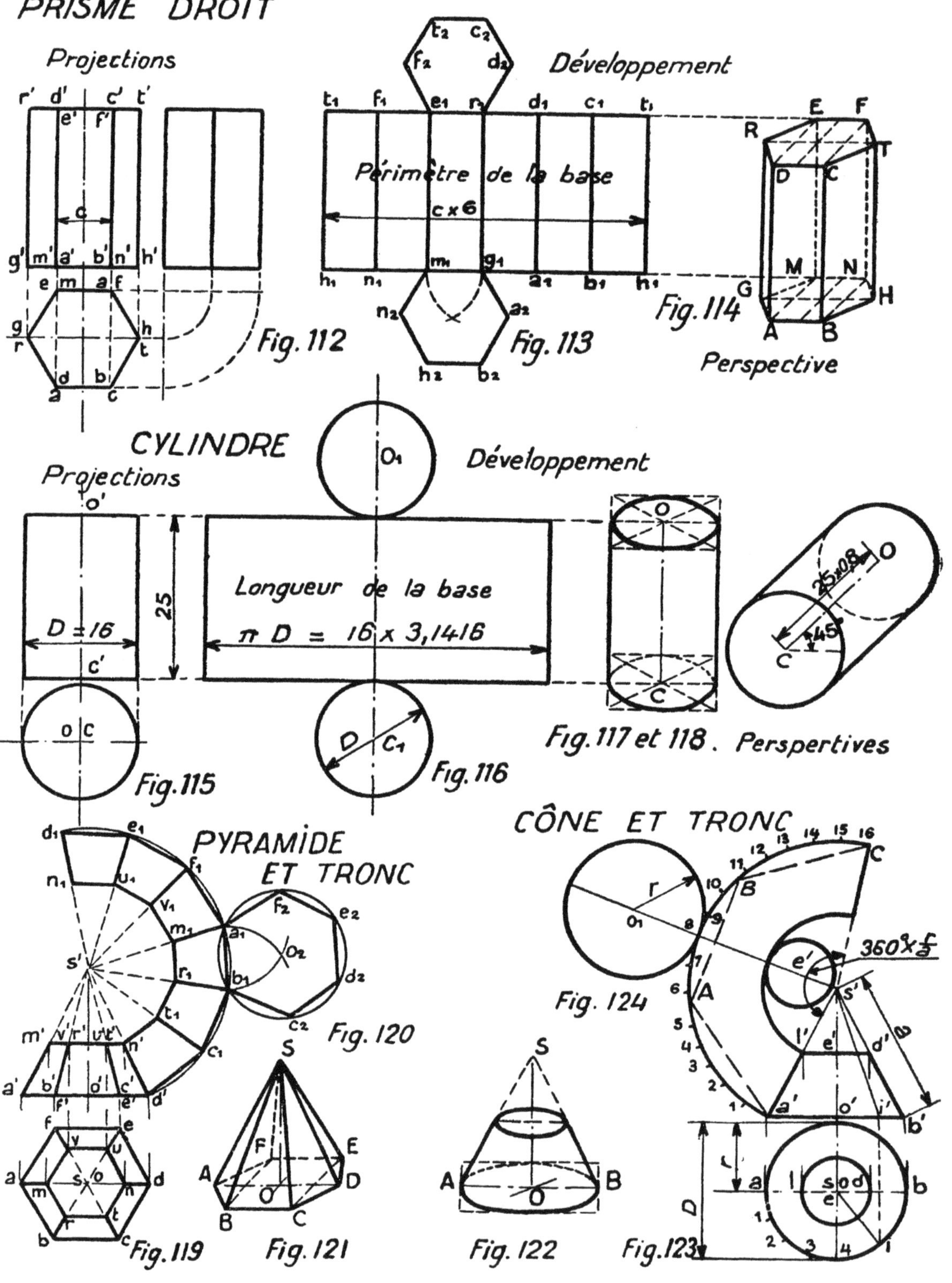

Planche 13

DÉVELOPPEMENTS GÉOMÉTRIQUES (*suite*)

90. **Prisme droit.** — Le prisme droit à base hexagonale régulière (fig. 112) repose par l'une de ses bases sur le plan H; deux de ses faces sont de front.

Les projections, le développement (fig. 113) et la perspective (fig. 114) s'obtiennent facilement par analogie avec le parallélipipède rectangle de la planche 12. Remarquer que la longueur du développement est égale au périmètre de la base, ou 6 fois le côté. Pour la perspective, tracer d'abord le rectangle RTHG égal au rectangle $r't'h'g'$; puis, diviser RT et GH en 4 parties égales, mener les obliques et compléter la construction.

91. **Cylindre droit.** — Le cylindre circulaire droit pouvant être considéré comme un prisme droit dont le nombre de faces est infini, les figures 115 et 116 se construisent en opérant comme pour le prisme.

Pour tracer la perspective des cercles de base (fig. 117), tracer d'abord celle du carré circonscrit, mener les diagonales et joindre les milieux des côtés opposés. Il est facile de déduire l'ellipse. Remarquer que l'angle de pente des fuyantes est ici de 90°.

Dans la figure 118, les deux bases sont de front.

92. **Pyramide régulière.** — *a*) Projections. — La pyramide reposant par sa base hexagonale régulière sur le plan H, déterminer sa projection horizontale en traçant l'hexagone en vraie grandeur (fig. 119) et en joignant ses sommets au centre O.

Si l'on coupe le solide par un plan horizontal dont la projection verticale est $m'n'$, on a un *tronc de pyramide* dont la petite base se projette horizontalement suivant l'exagone *mrtnuv* obtenu en menant les lignes de rappel de la projection verticale.

b) Développement (fig. 120). — La surface latérale se compose de 6 triangles isocèles égaux. La longueur du côté étant égale à $s'd'$, projection verticale de l'arête de front SD, décrire un arc, de s' comme centre, avec $s'd'$ pour rayon; porter sur cet arc six cordes égales au côté de la base et joindre au point s' les sommets c_1, b_1, a_1, f_1, e_1, d_1 ainsi obtenus.

Opérer de même pour la petite pyramide, ce qui donne le développement du tronc, composé de 6 trapèzes isocèles égaux.

c) Perspective (fig. 121). — Dessiner la perspective de la base en partant de la diagonale de front AD, prendre le milieu O de AD; puis, sur la perpendiculaire à AD, porter la longueur OS égale à la hauteur $o's'$ de la pyramide et tracer les arêtes latérales.

93. **Cône circulaire droit.** — *a*) PROJECTIONS. — Par analogie avec la pyramide, déterminer les projections du cône et du tronc de cône (fig. 123).

Etant donnée la projection horizontale *ij* d'une génératrice quelconque du tronc de cône, mener les lignes de rappel des deux points *i* et *j* : $i'j'$ est la projection verticale de la génératrice considérée.

b) DÉVELOPPEMENT. — 1er PROCÉDÉ : Diviser la circonférence de base en 16 parties égales (il suffit de diviser son quart en 4) et porter 16 fois l'une de ces divisions sur l'arc de centre s' et de rayon $s'a'$ (fig. 124). Ce tracé n'est qu'approximatif, car deux cordes égales ne sous-tendent pas deux arcs égaux dans deux circonférences inégales.

2e PROCÉDÉ : Sur la circonférence de centre S' et de rayon $s'a'$, il suffit de porter trois cordes égales au diamètre de la base $a'A = AB = BC = ab$. Ce tracé n'est rigoureusement exact que lorque la projection $a's'b'$ est un triangle équilatéral; dans ce cas, le développement est un demi-cercle. Il est d'autant plus approché que cette projection verticale s'éloigne peu de la forme équilatérale.

3e PROCÉDÉ : Construire, à l'aide du rapporteur, l'angle $a's'C = 360^\circ \times \frac{r}{a}$. Ainsi, dans le cas où $r = \frac{a}{3}$, cet angle est égal à $360^\circ \times \frac{1}{3} = 120^\circ$.

Le développement du tronc de cône se déduit facilement de celui du cône.

c) PERSPECTIVE (fig. 122). — Tracer l'ellipse, perspective de la base, comme pour le cylindre; puis, tracer l'axe, porter la hauteur OS et mener les tangentes SA et SB à l'ellipse.

94. **Règle générale pour dessiner une perspective cavalière.** — Pour représenter un objet en perspective cavalière, dessiner d'abord l'élévation de la face plane principale, soit en vraie grandeur, soit à une échelle déterminée.

Par chacun des sommets et des points remarquables de cette même face, mener ensuite les fuyantes, comme il a été indiqué pour le parallélipipède (§ 87). Il ne reste plus qu'à porter sur ces fuyantes leurs longueurs réduites et à joindre les points ainsi obtenus.

Les planches qui suivent renferment de nombreuses applications de cette règle. La perspective cavalière, en effet, est un complément précieux du dessin côté dont elle facilite la lecture.

95. EXERCICES PROPOSÉS. — Représenter par trois projections et une perspective les solides suivants :

1° un prisme droit et vertical à base carrée : (côté du carré, 20 mm; hauteur, 80 mm);

2° un cylindre de bout de diamètre 30 et de hauteur 45 mm;

3° une pyramide pentagonale régulière dont l'une des arêtes latérales est de profil (dimensions libres); développer cette pyramide;

4° un tronc de cône circulaire droit dont la grande base est appliquée sur le plan V : ($D = 60$; $d = 60$; $h = 80$ mm); diviser les bases en 8 et mener les génératrices correspondantes.

CHAPITRE III

I. Les principes et conventions contenus dans ce chapitre doivent être appris et observés ponctuellement.

II. Tous les croquis cotés seront faits d'après nature. Ceux du présent ouvrage sont donnés à titre d'indication et comme exercices de lecture.

CROQUIS COTÉS

GÉNÉRALITÉS

96. **Définitions.** — ***L'ensemble des projections*** (à main levée) ***d'un organe, avec les dimensions*** (cotes) ***et les renseignements utiles à l'exécution de cet organe à l'atelier,*** porte le nom de *croquis coté*.

La reproduction du croquis coté, à l'aide des instruments d'usage, en vraie grandeur ou à l'échelle, constitue le *dessin* proprement dit.

La projection verticale est appelée *élévation* ou *vue de face*; la projection horizontale est nommée *vue par dessus;* le profil, *vue de côté* (*vue de gauche,* s'il est placé à droite de l'élévation; *vue de droite,* s'il est placé à gauche).

On y ajoute parfois la *vue de dessous* et la *vue d'arrière.*

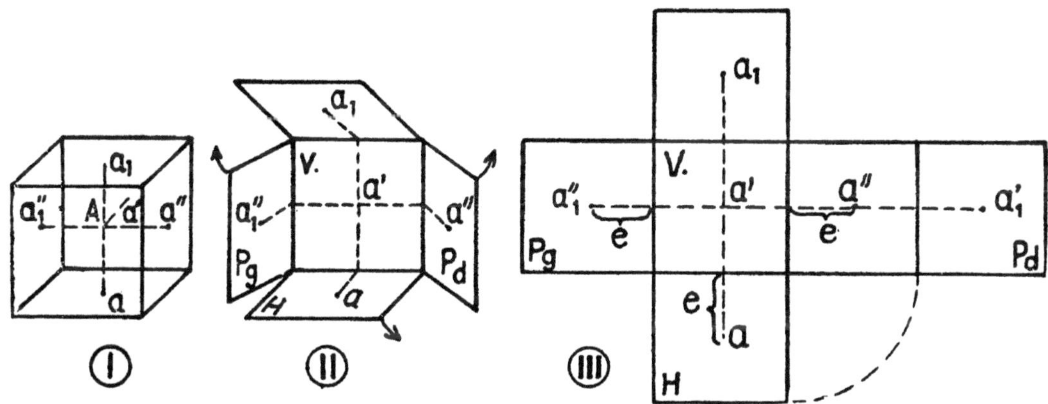

En somme, la pièce étant supposée placée à l'intérieur d'un cube est projetée sur les six faces (fig. I). Sur la face arrière, qui est le plan vertical de projection V, sont ensuite rabattues les autres faces (fig. II et III).

Les figures I, II et III montrent comment sont déterminées les projections du point A.

Pratiquement, on réduit au minimum le nombre de vues; l'élévation peut même suffire à elle seule (fig. 125), si elle donne, sans ambiguïté, toutes formes et cotes utiles.

97. **Cotation.** — Les cotes devant permettre à l'ouvrier de réaliser l'ouvrage représenté, *un croquis mal coté n'a aucune valeur.*

Inscrire d'abord les cotes principales (cotes d'axes, cotes extrêmes) ; répartir les cotes entre les diverses vues en évitant les répétitions et les cotes inutiles. Autant que possible, les placer en dehors des vues, les cotes partielles étant les plus rapprochées du dessin (fig. 125).

98. Exercices proposés. — **Reproduire les figures I, II et III ci-dessus en prenant 24 mm pour l'échelle du cube.**

ARCHITECTURE

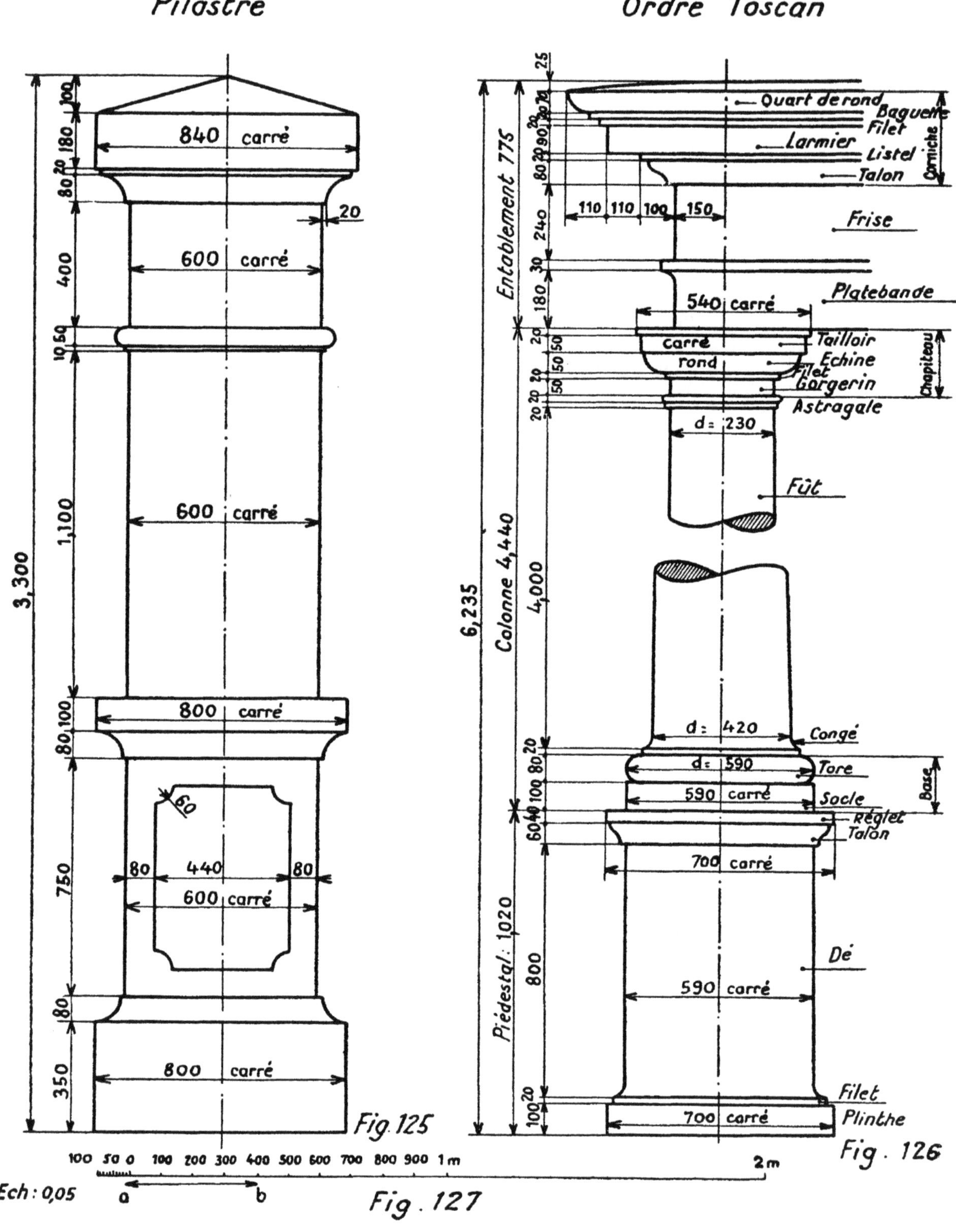

Fig. 125

Fig. 126

Fig. 127

Planche 14

ARCHITECTURE

99. La planche 14 renferme deux exemples de dessins cotés. Chacun d'eux comprend une seule vue dont le tracé est l'application des notions données sur les projections.

100. **Construction d'une échelle simple.** — Ces dessins de la planche 14 sont faits à l'échelle $\frac{1}{20}$ ou 0,05.

Pour construire une échelle simple, à partir d'un point o pris sur une droite (fig. 127), porter, sans déplacer le double-décimètre, les multiples du nombre obtenu en multipliant 100 mm par l'échelle, et inscrire les multiples de 100 aux points ainsi obtenus. Dans le cas considéré $\left(\text{échelle } \frac{1}{20}\right)$, porter 100 mm $\times \frac{1}{20} = 5$ mm. et les multiples de 5: 10, 20, 30, 40, 50 mm. Chaque division représente une centaine de millimètres.

Porter ensuite une de ces divisions de o vers la gauche (5 mm au double-décimètre) et la diviser en 10; chaque petite division représente donc 100 : 10 = 10 mm.

101. **Usage de l'échelle.** — Pour porter 420 mm, par exemple, relever au compas la distance *ab* (fig. 127).

Les échelles les plus employées sont : $\frac{1}{2}$, $\frac{1}{5}$, $\frac{1}{10}$, $\frac{1}{20}$, $\frac{1}{100}$ (1).

102. Exercices proposés. — Construire les échelles $\frac{1}{5}$, $\frac{2}{5}$, 0,8.

Planches 15 et 16

DES COUPES

103. L'élévation, le plan et le profil ne suffisent pas lorsque l'organe présente des partie intérieures intéressantes; pour montrer clairement celles-ci, on pratique des *coupes*.

Le tracé de ces coupes est basé sur les conventions suivantes généralement adoptées.

104. Principe. — Le dessin d'une coupe comprend : 1° la **section** de l'organe par le plan sécant; cette section porte des hachures ordinairement à 45° (2); 2° la **projection** des parties de l'organe situées au-dessous ou en arrière du plan de coupe. La trace de ce plan est un trait mixte dont les éléments rectilignes sont plus courts et plus gros que ceux des traits d'axes.

On suppose donc que la partie de l'organe située au-dessus ou en avant du plan sécant a été enlevée (pl. 16). (Quelquefois, cependant, cette dernière est représentée en trait rouge continu ou en trait mixte noir).

105. Application. — Les deux modèles de la pl. 15 sont faciles à exécuter en bois ou en plâtre. En effectuant les diverses coupes expliquées pl. 16, les élèves s'exerceront à la représentation des coupes dans toutes les positions possibles. *Ces exercices théoriques des planches 15 et 16 sont particulièrement recommandés.*

106. **Demi-coupes.** — Dans le cas de symétrie par rapport à l'axe, une demi-coupe suffit. Par contre, la complexité de l'ouvrage peut exiger deux demi-coupes (fig. 126 et 149), dont l'ensemble est parfois appelé *coupe brisée*.

107. **Sections rabattues ou coupes sur place.** — La section d'un ouvrage ou d'une pièce peut être représentée sur l'élévation (S, fig. 145) ou bien, précisée à l'aide d'une notation écrite telle que 600 (carré) (fig. 122), *d* = 420 (fig. 123).

108. Remarque. — Il est inutile de couper en long les pièces et ouvrages qui ne présentent intérieurement aucun détail intéressant : tiges en fer, poutres, colonnes, piédroits, pilastres, balustres, etc... Les coupes longitudinales n'offrent d'intérêt que dans la construction en ciment armé (pl. 20).

(1) On dit parfois : *Echelle 1* au lieu de *grandeur d'exécution.*

(2) Le Comité de Normalisation a fixé la pente des hachures à 60° et à 30° dans les dessins de mécanique.

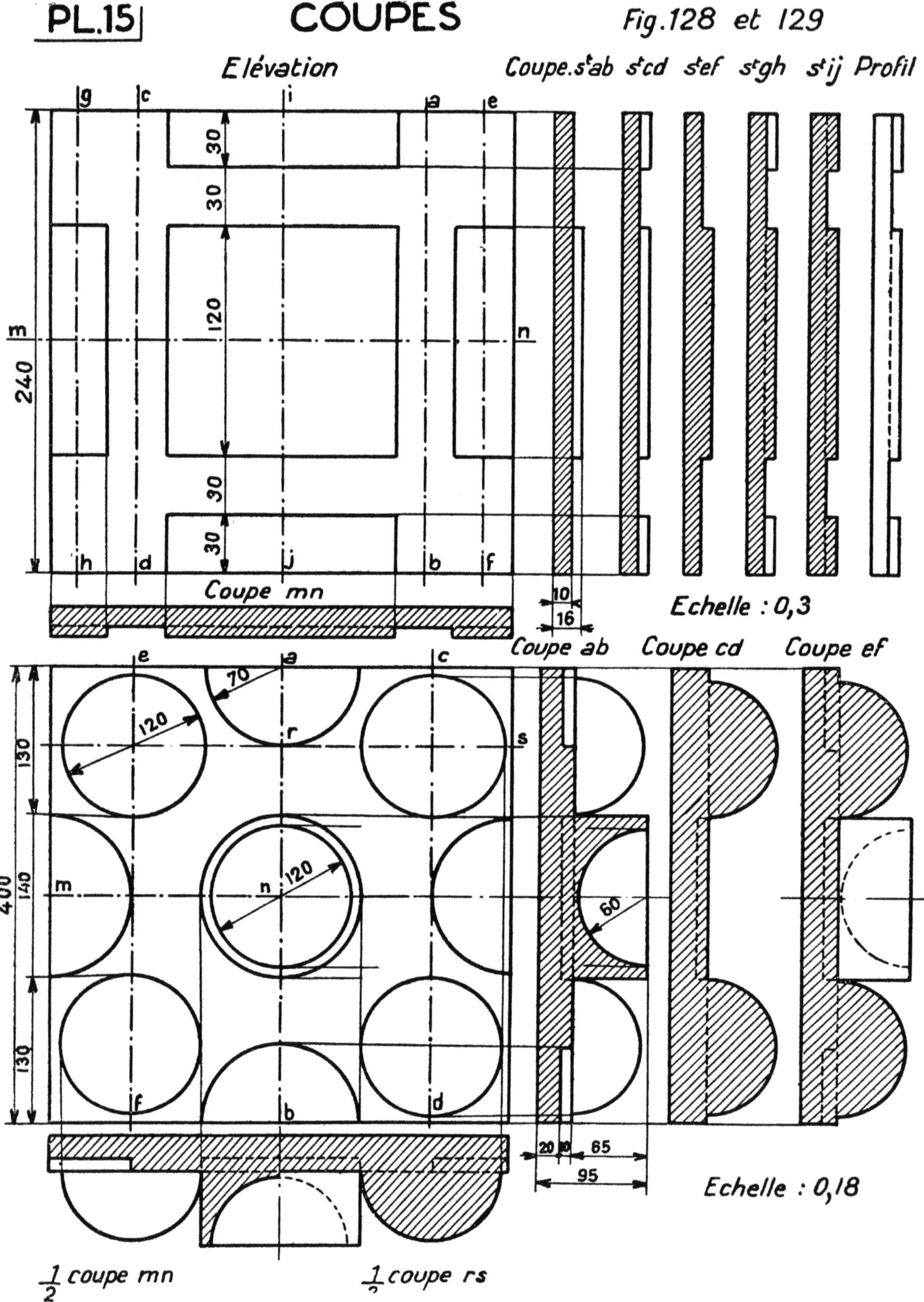
PL.15
COUPES
Fig.128 et 129
Elévation
Coupe.st ab st cd st ef st gh st ij Profil
g c i a e
m n
h d j b f
240
30
30
120
30
30
Coupe mn
10
16
Echelle : 0,3
Coupe ab Coupe cd Coupe ef
e a c
70
120
r
s
m
n
120
60
f b d
400
130
140
130
20 10 65
95
Echelle : 0,18
1/2 coupe mn
1/2 coupe rs

PL. 16 PERSPECTIVES EXPLICATIVES

Coupes verticales

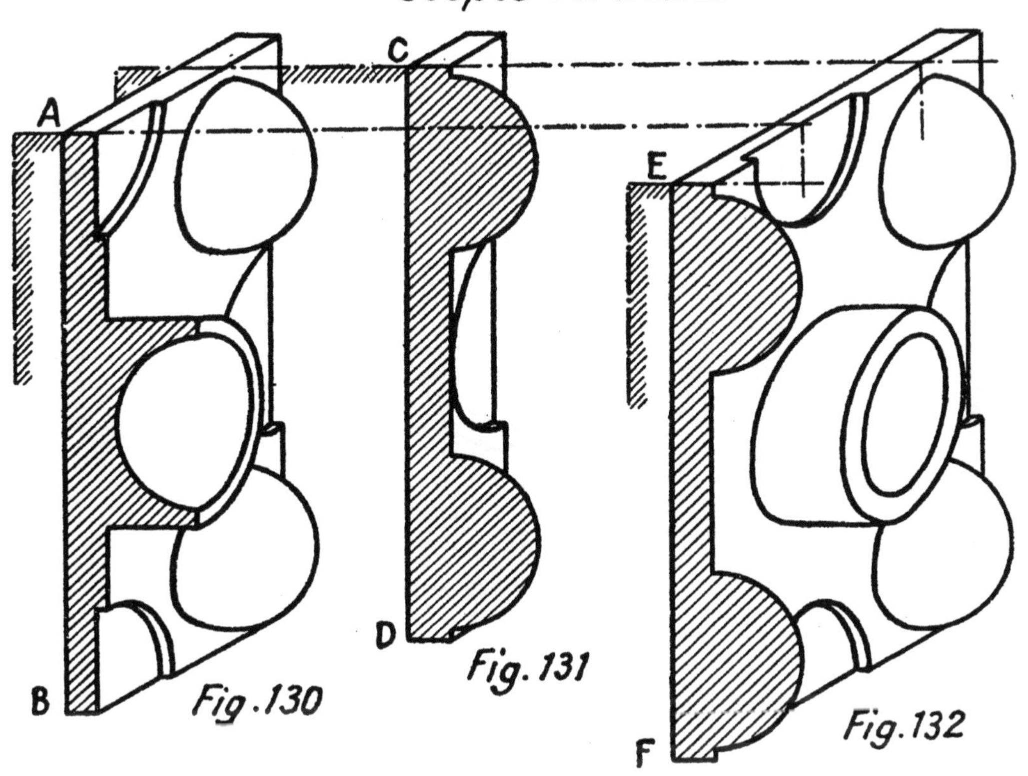

Fig. 130

Fig. 131

Fig. 132

Coupes horizontales

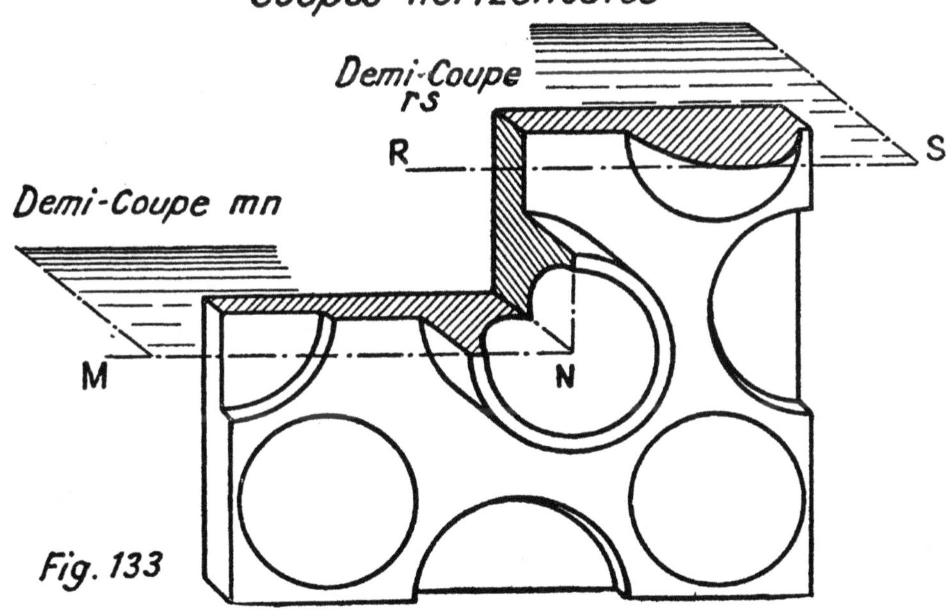

Fig. 133

TRAITS FORTS

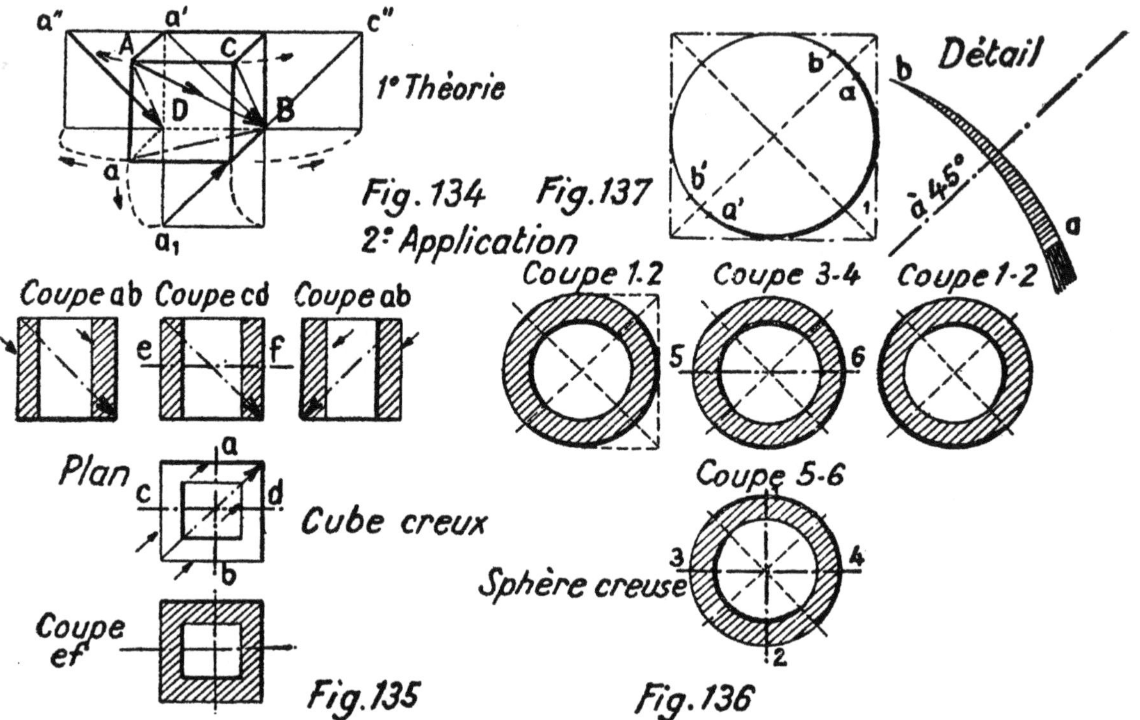

Fig. 134 Fig. 137

Fig. 135 Fig. 136

HACHURES ET TEINTES CONVENTIONNELLES

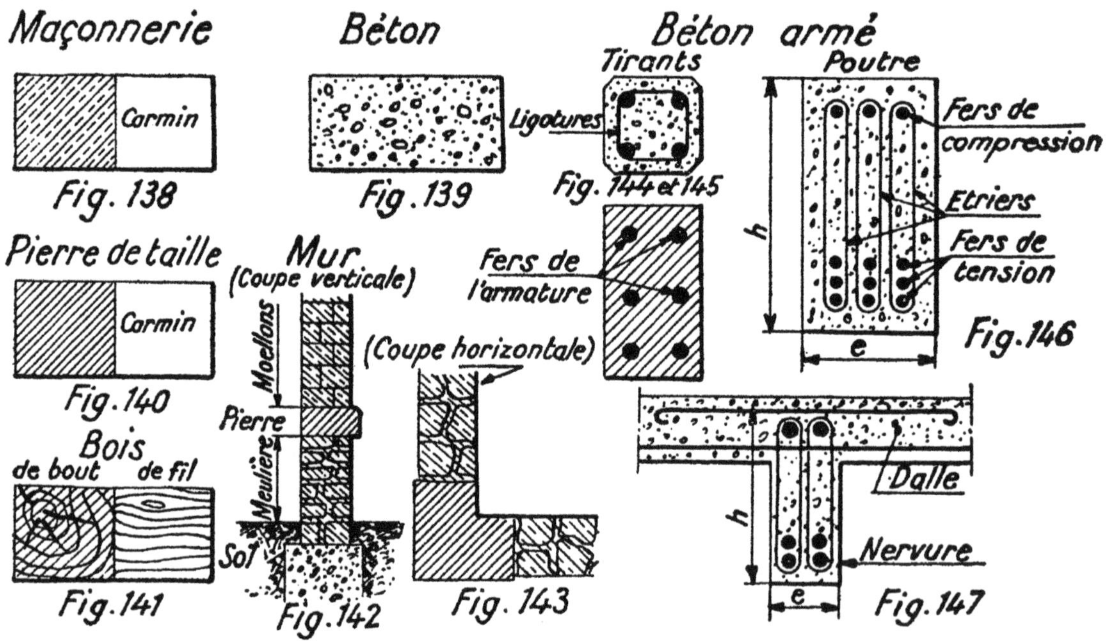

Fig. 138 Fig. 139 Fig. 144 et 145 Fig. 146

Fig. 140

Fig. 141 Fig. 142 Fig. 143 Fig. 147

Planche 17

CONVENTIONS

109. **Traits forts.** — Les traits forts ont pour but d'accuser les reliefs. Bien qu'ils soient de moins en moins employés, voici sur quelle convention repose leur mise en place.

On admet que la direction de la lumière est donnée (fig. 134) par la *diagonale AB d'un cube, dirigée de gauche à droite, de haut en bas et d'avant en arrière.*

La projection de cette droite AB sur la face horizontale du cube est la diagonale *a*B de cette face.

La projection de AB sur la face de front du cube est la diagonale *a'*B de cette face.

La projection de AB sur la face de droite du cube est la diagonale CB de cette face.

Enfin, la projection de AB sur la face de gauche du cube est la diagonale AD de cette face.

Après rabattement des faces du cube, les projections de AB viennent en a_1B, *c''*B et *a''*D. Elles donnent la direction (45°) de la lumière pour chacune des vues.

Applications. — 1° Les figures 135 et 136 montrent la mise en place des traits forts dans les quatre projections d'un *cube creux* et d'une *sphère creuse.*

2° La figude 137 indique le procédé qui permet de raccorder le trait fort au trait fin dans une circonférence.

3° Enfin, les fig. 153 et 154 montrent la mise en place des traits forts dans le dessin d'un ouvrage de maçonnerie.

110. **Hachures conventionnelles.** — On distingue les matériaux à l'aide de signes et de hachures dont l'écartement et la nature diffèrent (fig. 138 à 147).

Dans les dessins au net, on remplace quelquefois ces hachures par des teintes conventionnelles : ainsi, les coupes de bâtiments sont recouvertes d'une teinte carminée.

CONSEILS GÉNÉRAUX RELATIFS A L'EXÉCUTION DES DESSINS

111. Les planches 18 à 22 sont des exemples destinés à montrer aux élèves comment il faut comprendre et exécuter un dessin de maçonnerie. Ce sont des planches à étudier et non à copier. La copie stérile doit être remplacée par des croquis d'après nature ou imaginés et par des exercices de lecture analogues à ceux des planches 25 et 26.

112. **Ordre d'exécution.** — Pour l'exécution d'un dessin, suivre l'ordre suivant : 1° Relevé du croquis coté d'un ouvrage de maçonnerie en nature ou d'une partie seulement de cet ouvrage; 2° Dessin à une échelle simple, ou en vraie grandeur si c'est possible, du croquis coté précédent ou seulement d'une partie particulièrement intéressante de ce croquis.

113. **Croquis coté.** — 1° ***Examiner attentivement le modèle,*** étudier son rôle et la forme de ses diverses parties. Cette forme dépend de la destination de l'ouvrage; elle laisse quelquefois à désirer; les apprentis apprendront peu à peu à la *critiquer.*

2° ***Rechercher quelles sont les vues nécessaires*** pour que la représentation soit complète et facile à lire. Ne pas oublier, en effet, que le croquis coté doit permettre de réaliser un ouvrage identique à celui qui est dessiné. *En principe, tout arc de cercle doit être projeté en vraie grandeur sur l'une des vues.*

3° ***Mettre ces vues en place*** en commençant par les grandes lignes et en faisant suivre toutes les vues en même temps. L'élévation est la vue principale.

4° ***Placer les lignes de cotes, relever ét inscrire les dimensions avec le plus grand soin.***

5° ***Terminer par les indications secondaires :*** titres, légendes, observations relatives à l'exécution du travail.

114. **Dessin.** — Le *dessin proprement* dit est la reproduction d'un croquis coté, soit en grandeur d'exécution, soit à une échelle simple.

Il peut être passé à l'encre ou simplement terminé au compas. Mais, dans les deux cas, il devra renfermer toutes les cotes, l'échelle employée et les indications nécessaires pour l'exécution de l'ouvrage représenté.

PL. 18 MODILLON (Echelle : 0,3)

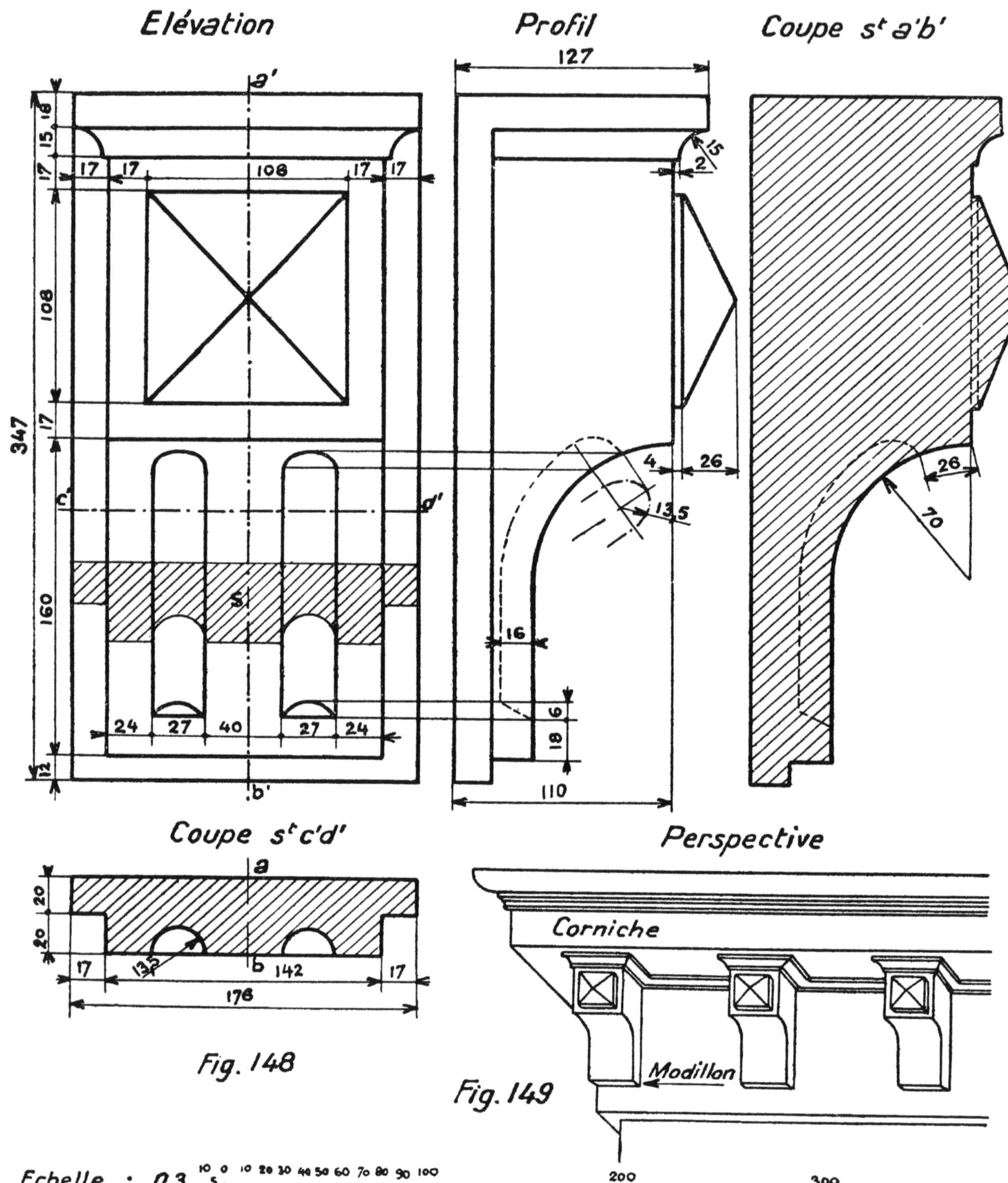

Fig. 148

Fig. 149

Echelle : 0.3

DESSIN DE MÉMOIRE

115. Les exercices de mémoire consistent dans l'exécution du croquis d'un modèle qui n'a été vu que quelques minutes.

Ils ont pour but de développer le jugement, la sûreté et la rapidité d'observation des apprentis. Conduits avec méthode, ils donnent les meilleurs résultats.

1° *Le modèle sera d'abord très simple.* Il sera montré aux élèves par le professeur qui en expliquera le rôle et en justifiera la forme. Après cinq minutes d'observation, les apprentis exécuteront dans un temps limité, relativement court, le croquis du modèle vu.

La correction sera d'abord individuelle et accompagnée d'une note chiffrée, puis collective au tableau noir.

2° *Progressivement, les modèles seront plus complexes.* Au début, les cotes ne seront pas exigées. Mais, dans la suite, les apprentis devront les placer sans le secours du modèle. Il leur sera facile de les vérifier, du moins en partie, par un tracé rapide au crayon, en grandeur d'exécution ou à une échelle simple.

EXEMPLES DE DESSINS COTÉS

Planche 18

MODILLON

116. Le dessin de *modillon* ci-contre (pl. 18) comprend l'élévation, le profil, une coupe horizontale suivant $c'd'$ et une coupe de profil suivant $a'b'$. Remarquer que la coupe $c'd'$ peut être placée en S (coupe rabattue). Une vue perspective (fig. 149) montre l'emplacement occupé par les modillons sous la corniche.

Planche 19

PLAN D'UN BATIMENT

117. **Conventions.** — Le plan d'un bâtiment est, par convention, une coupe horizontale faite à quelques centimètres au-dessus de la *pièce d'appui* des fenêtres.

La figure 19 représente le plan du rez-de-chaussée d'une maison d'habitation. Elle va permettre de faire les remarques suivantes qui s'appliquent à tous les plans de bâtiments:

1° Les parties pleines des murs sont couvertes soit de hachures conventionnelles, soit d'une légère teinte carminée; les baies, au contraire, portes et fenêtres, ne sont pas hachurées. Dans les portes, les lignes des murs sont interrompues; il n'en est pas de même pour les fenêtres; quand ces dernières ont des *allèges*, le trait intérieur est pointillé.

2° L'escalier E qui conduit au 1er étage est représenté partie en trait plein (marches inférieures), partie en trait mixte (marches au-dessus du plan conventionnel de coupes); l'escalier E′ de la cave est vu ici dans sa moitié supérieure seulement; dans certains cas, il peut l'être en entier.

PL. 19 **PLAN DE BÂTIMENT** *(Rez-de-chaussée)*

Echelle : 0,01

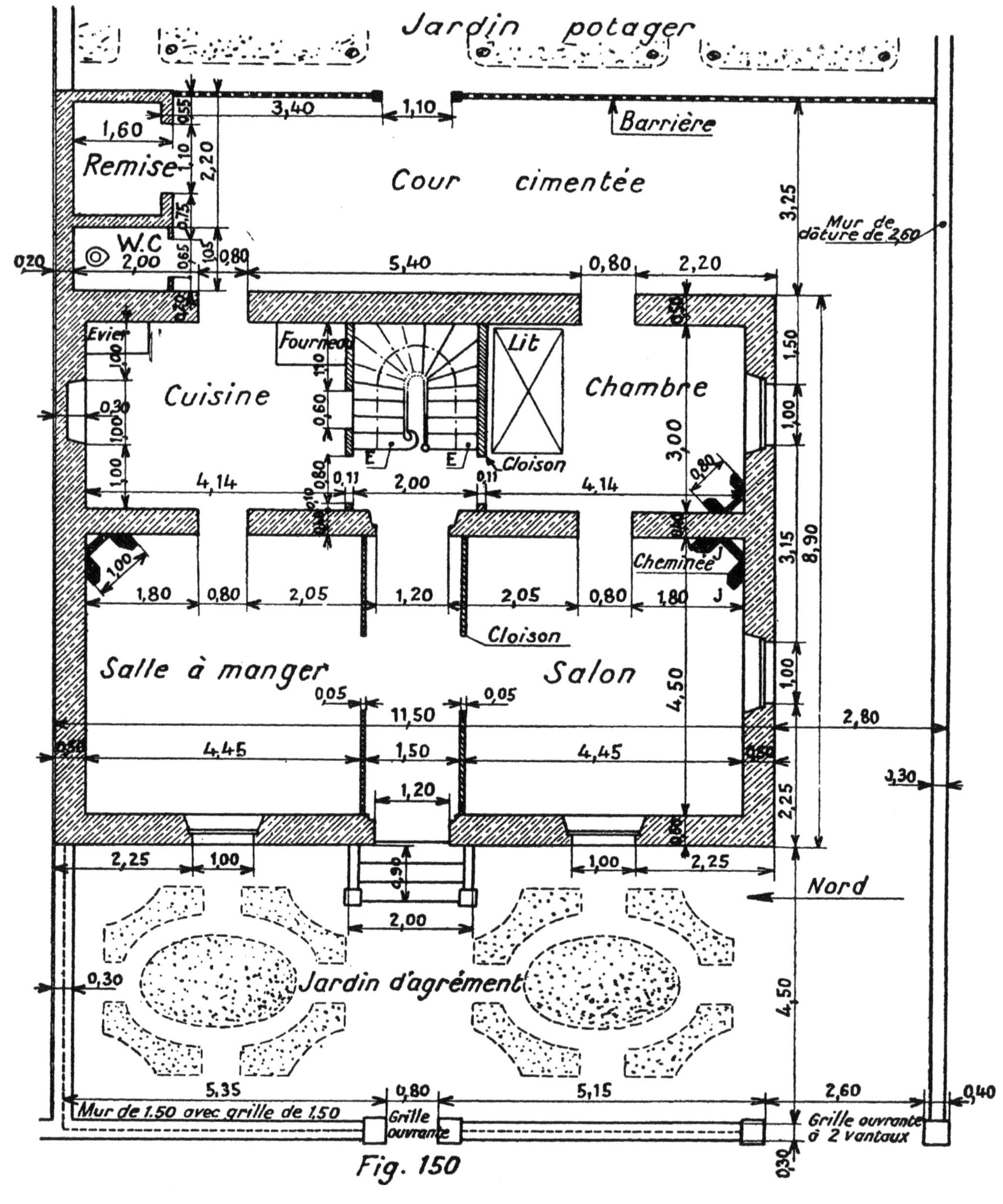

Fig. 150

3° Les ouvrages et objets sont représentés schématiquement : un évier, un fourneau, un lit, par un rectangle; l'appareil du water-closet (W. C.), par une ove; les cheminées, suivant leur emplacement, par l'un des prcoédés indiqués par les figures ci-dessous.

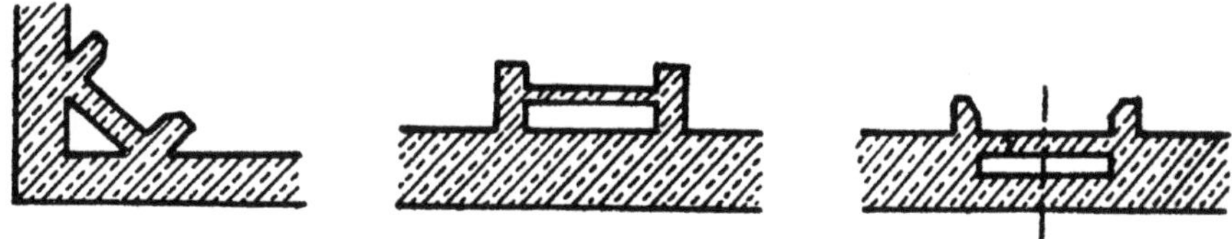

118. **Exécution du plan.** — 1° ***Croquis coté.*** — Pour dresser le croquis coté du plan d'un bâtiment, tracer d'abord, approximativement, le contour des murs avec leurs épaisseurs; puis, figurer successivement les baies, les cheminées, les escaliers, les détails et les objets intéressants. Enfin, placer les lignes de cotes, relever les dimensions et les inscrire.

2° ***Dessin.*** — Tracé exact à une échelle simple $\left(\frac{1}{100}, \frac{1}{50}, \frac{1}{20} \dots\right)$

119. Exercices proposés. — 1. Croquis coté du plan de la salle des cours ou d'un étage de bâtiment et tracé, au crayon seulement et à l'échelle 0,02, du plan précédent.

2. Lecture de plans de plus en plus difficiles : étages de maison d'habitation, ateliers, bâtiments.

3. Reproduire, à l'échelle 0,02, en suivant le tracé des murs extérieurs (de 10 cm), indiqué sur le schéma (pl. 30, fig. 181). Disposer les différentes pièces avec indication de leur nature. Représenter l'appui en saillie des fenêtres.

Planche 20

BÉTON ARMÉ

120. **Généralités.** — La lecture des dessins d'ouvrages en béton armé présente une difficulté particulière due : 1° au grand nombre de fers enchevêtrés; 2° à l'absence d'une échelle uniforme, les dimensions de certaines parties étant parfois augmentées pour faciliter la représentation des armatures; 3° à la nature des conventions spécialement adoptées dans ce genre de dessins.

121. **Conventions particulières aux dessins d'ouvrages en béton armé.** — a) *Plans d'ensemble.* — Les plans d'ensemble relatifs au bâtiment sont, d'ordinaire, à l'échelle 0,01; ils ne contiennent pas les armatures et, seules, les cotes principales y sont inscrites: hauteurs des étages, distances entre les murs, épaisseurs de ces derniers.

b) *Plans de détails.* — Les plans des fondations et des étages (planchers, cloisons, balcons, etc.) sont à l'échelle 0,02.

c) *Représentation des armatures.* — Les détails relatifs aux armatures sont représentés, aux échelles 0,1 ou 0,05, par des coupes pratiquées dans différentes parties de la construction en projet.

PL. 20

BETON ARMÉ

1° Exemple : Poutre (Ech : 0,05 pm.)

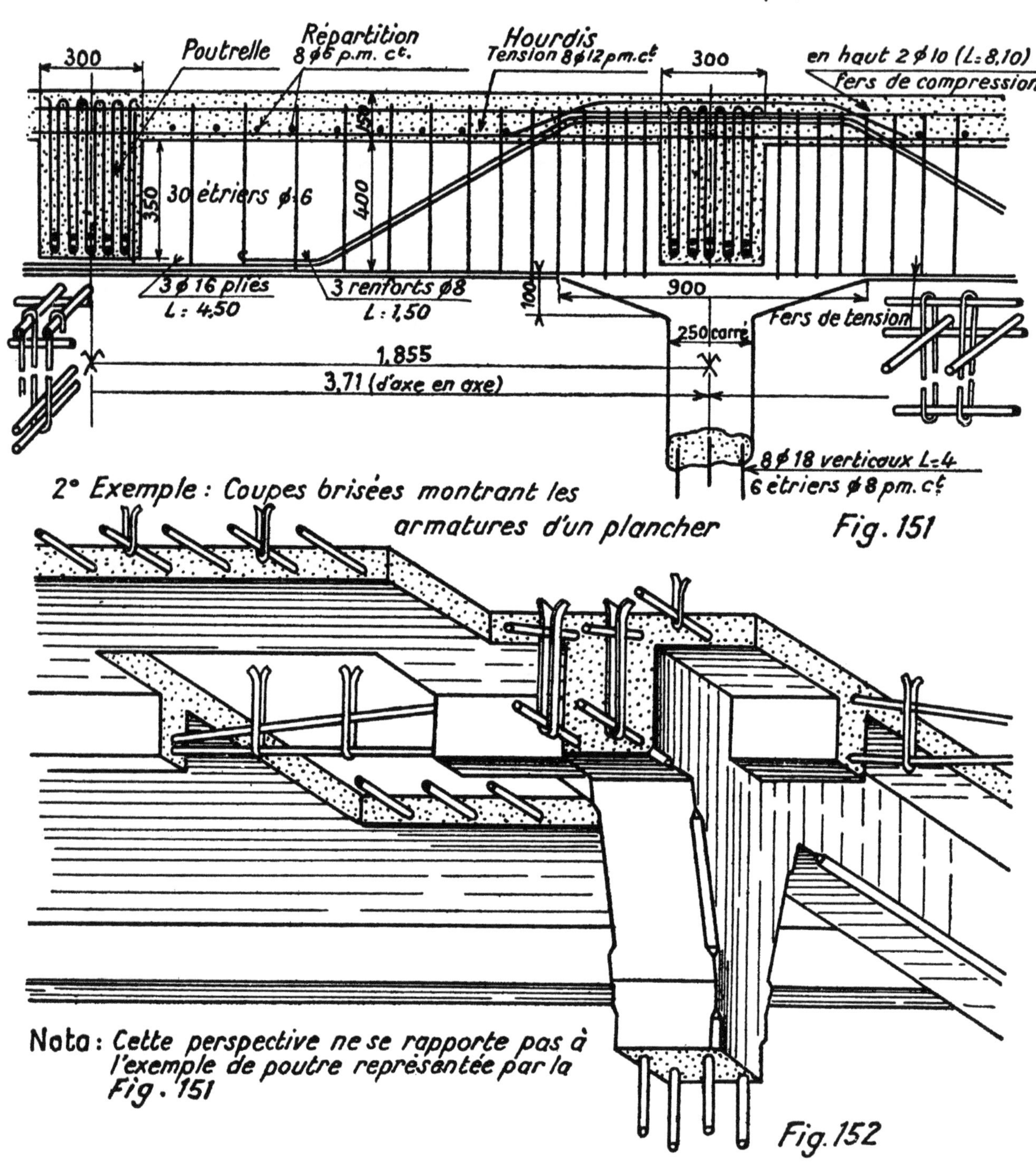

La lecture de ces coupes peut être facilitée par des vues perspectives judicieusement exécutées dans les régions les plus intéressantes (fig. 152).

d) *Chiffres, signes et marques.* — 1° Les indications suivantes sont couramment employées :

les lettres *f* (fer), *r* (rond) ou ∅, pour les fers ronds;

le mot *tension*, pour les fers soumis à la traction et situés à la partie supérieure des poutres horizontales;

(*bien qu'usitée, cette appellation est incorrecte quand elle est appliquée comme dans le cas de la figure 151 aux fers soumis à la compression*) ;

le mot *répartition*, pour les fers qui répartissent la charge sur les fers de tension;

l'indication 8 ∅ 6 p. m. c^{t}, pour 8 fers ronds de mm de diamètre, par mètre courant;

3 ∅ 16 pliés ($l = 4{,}50$), pour 3 fers ronds pliés de 16 mm de diamètre et 4 m 50 de longueur développée;

6 étriers ∅ 8 p. m. c^{t}, pour 6 étriers de 8 mm de diamètre, par mètre courant.

2° Les renseignements concernant les charges à supporter et le dosage du béton figurent soit dans un tableau accompagnant le dessin, soit sur le dessin lui-même.

3° L'axe d'une poutre est indiqué par un signe spécial (1).

122. Exercice proposé. — **Après avoir étudié la perspective de la planche 20 (fig. 149), et en s'inspirant de la figure 151, exécuter une coupe verticale et une coupe de profil du plancher représenté par la figure 152.**

FENÊTRE

123. — Dans le dessin de la fenêtre de la planche 21 les deux demi-coupes sont faites : celle de gauche par le milieu du *lancis* en pierre de taille, celle de droite par la partie en briques. Au lieu de dire *demi-coupe a′b′* et *demi-coupe c′d′*, on dit quelquefois: *coupe brisée a′b′c′d′*.

Planche 22

PORTE COCHÈRE

124. — La porte représentée par la figure 154 est en pierre de taille. Le dessin comprend une élévation et une coupe horizontale pratiquée au-dessus du soubassement; il est important de bien comprendre que c'est de la position du plan de coupe que dépend la limite des hachures dans cette coupe. Leur examen montre l'existence du soubassement et celle du chanfrein dans chaque piédroit et au linteau.

125. Exercices proposés. — **1° Coupe de profil suivant l'axe de la porte (fig. 154); 2° *Autres croquis recommandés.* — *Balustres, piédroits, pilastres, baies d'édifices, dalles, encorbellements,* etc.**

(1) Voir fig. 151. Ce signe est aux deux extrémités de la ligne de cote 1,855.

PL. 21 FENÊTRE *(Echelle 0,05)*

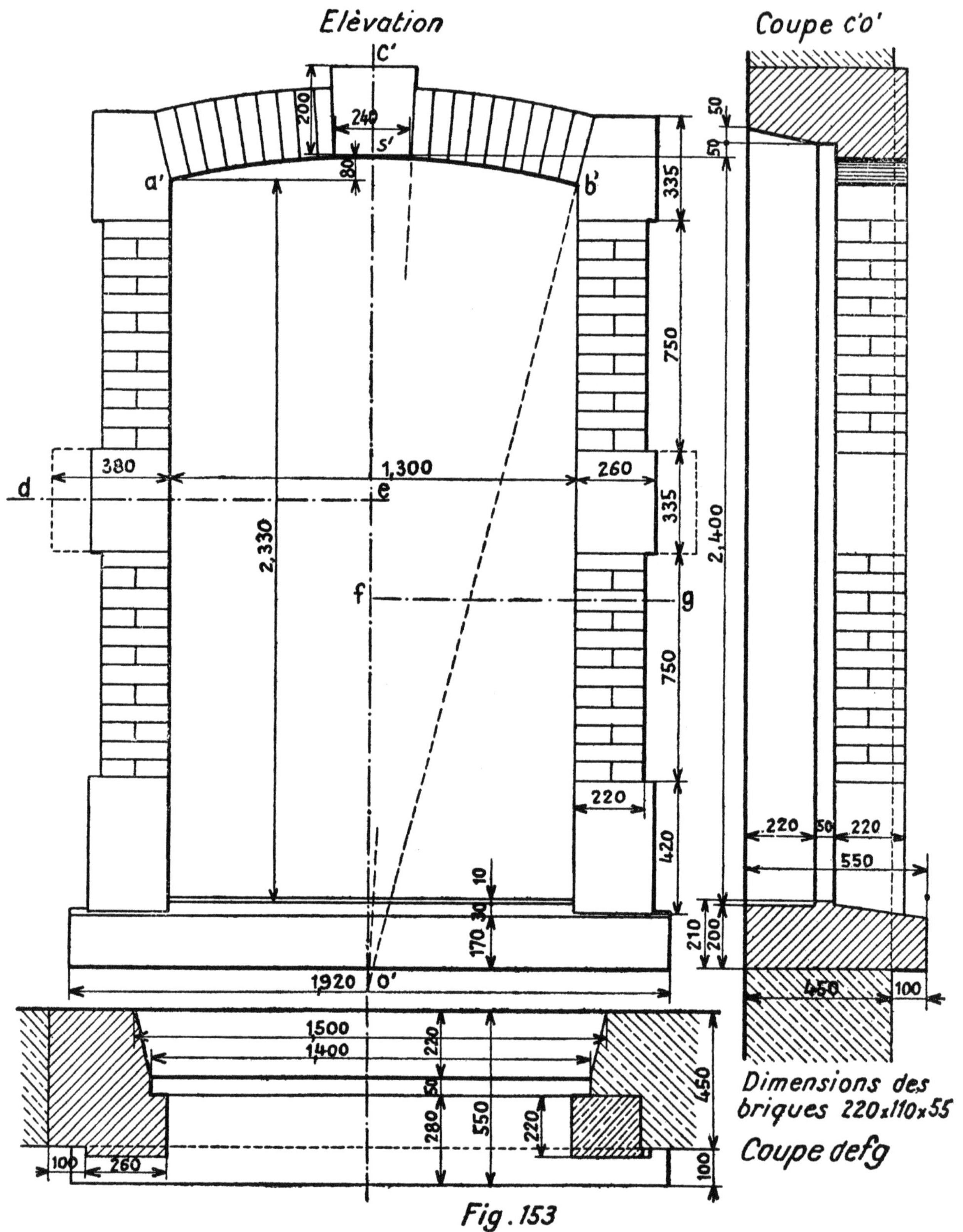

Fig. 153

PL. 22 PORTE COCHÈRE *(Ech: 0,03)*

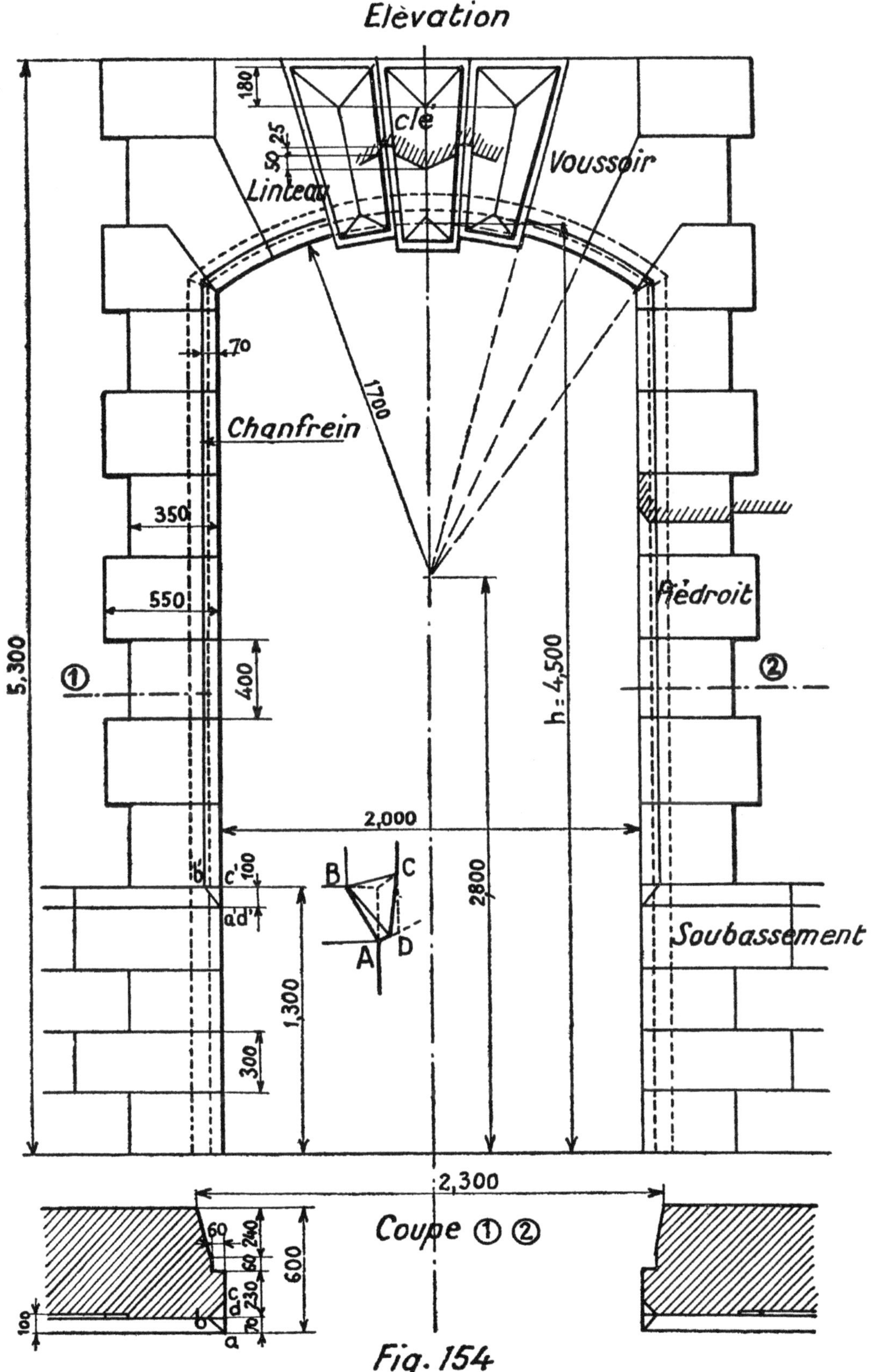

Fig. 154

PL. 23 HELICE CYLINDRIQUE

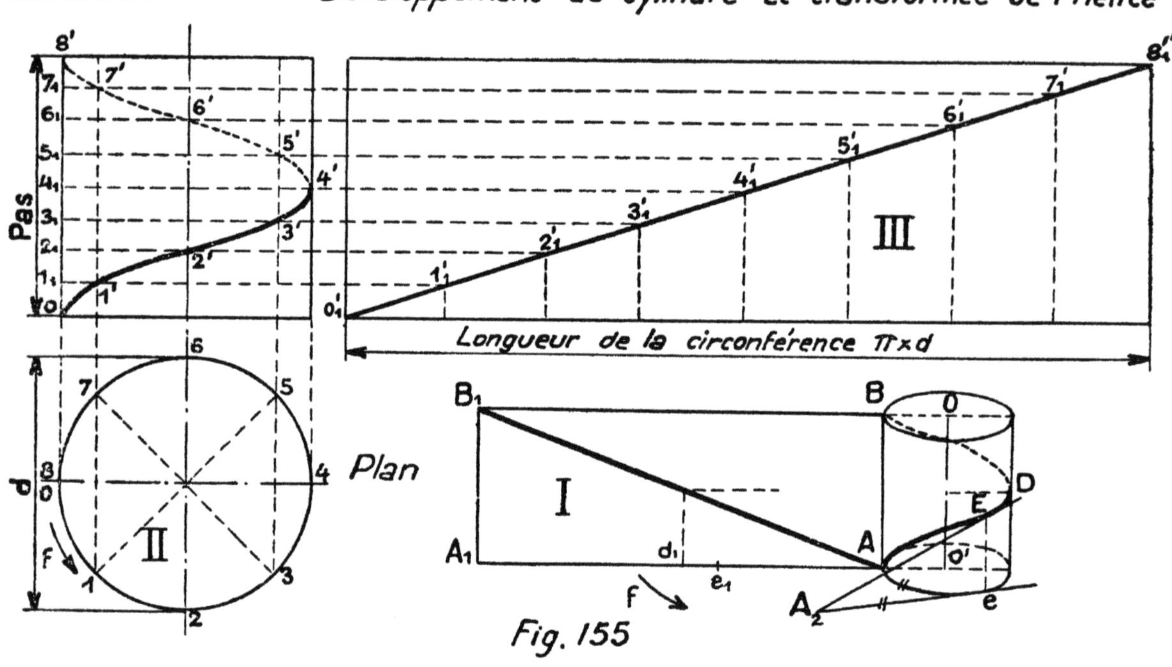

Fig. 155

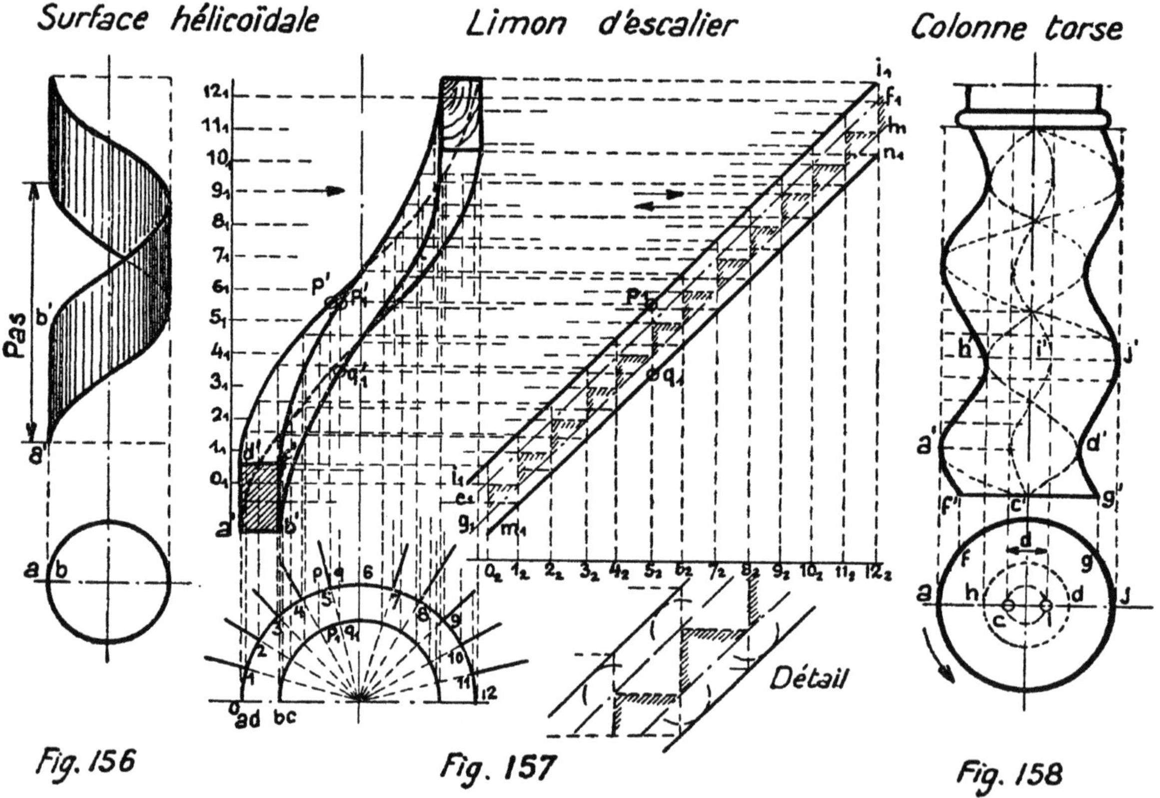

Fig. 156

Fig. 157

Fig. 158

CHAPITRE IV

Les notions théoriques de cette partie sont destinées à éclairer l'exécution des épures et les exercices de lecture dont il est donné quelques exemples.

HÉLICE CYLINDRIQUE

Planche 23

126. a) **1re définition.** — ***On appelle hélice cylindrique la courbe engendrée sur un cylindre circulaire droit par une droite située dans un plan qu'on enroule sur le cylindre.***

Ainsi la diagonale AB_1 (fig. 155, I) du rectangle AA_1B_1B, qui est le développement du cylindre OO', forme sur ce cylindre l'hélice ADB, quand on enroule le rectangle sur le cylindre dans le sens de la flèche *f*. AB_1 est la *transformée* de l'hélice.

La hauteur AB est le *pas* de l'hélice et la portion d'hélice ADB est une *spire*. L'hélice est dite *à droite* lorsque sa partie vue AD monte de gauche à droite; elle est *à gauche*, dans le cas contraire.

b) **2e définition.** — ***L'hélice cylindrique est la courbe engendrée sur un cylindre circulaire droit fixe par un point qui s'élève et tourne*** (fig. 152, II), ***de telle sorte que les hauteurs dont il s'élève sont proportionnelles aux angles de rotation.***

Quand le point générateur fait un tour complet, il s'élève d'un *pas*; quand il fait $\frac{1}{2}$, $\frac{1}{4}$, $\frac{1}{8}$ de tour, il s'élève de $\frac{1}{2}$, $\frac{1}{4}$, $\frac{1}{8}$ de pas. D'où, le tracé suivant.

c) **Tracé et développement.** — 1° Diviser la circonférence projection horizontale du cylindre et le pas de l'hélice (fig. 155, II) en un même nombre de parties égales, 8, par exemple.

2° Par le point de division 1 de la circonférence, mener la ligne de rappel. Cette ligne coupe la parallèle menée à la base par le point 1_1 de la projection verticale en un point 1' qui est un point de la projection verticale de l'hélice. Opérer de même pour les autres points et joindre les points 0, 1', 2', ..., ainsi obtenus.

La figure III donne le développement du cylindre et la *transformée* $0'_1$-$8'_1$ de l'hélice.

d) **Applications de l'hélice.** — 1° Un segment de droite verticale (*ab*, *a'b'*) (fig. 156), dont les extrémités décrivent des hélices, engendre une *surface hélicoïdale*.

2° Si l'on déplace une figure plane de façon que chacun de ses points décrive une hélice, cette figure engendre un *volume hélicoïdal*.

Si la figure génératrice est un rectangle *a'b'c'd'*, on obtient un *limon d'escalier* (fig. 157). Dans ce cas, les divisions relatives aux marches et les hauteurs de ces dernières permettent de déterminer les transformées $e_1f_1g_1h_1$ desquelles on déduit leurs parallèles $i_1j_1m_1n_1$ et, ensuite, les projections verticales des quatre arêtes hélicoïdales: ainsi, chacune des portions de verticale p_1q_1 donne quatre points p', p'_1, q', q'_1 de l'élévation.

3° Pour représenter une *colonne torse* (fig. 158), tracer l'hélice décrite par le point (*c*, *c'*) sur le cylindre de diamètre *d* et, à partir de chacun des points de cette hélice, porter, sur chaque horizontale et de chaque côté, la longueur constante *ac* (différence des rayons): ainsi $a'c' = c'd = ac$; $f'e' = e'g' = ac$, etc. Joindre les points obtenus.

PL.24 VRAIES GRANDEURS

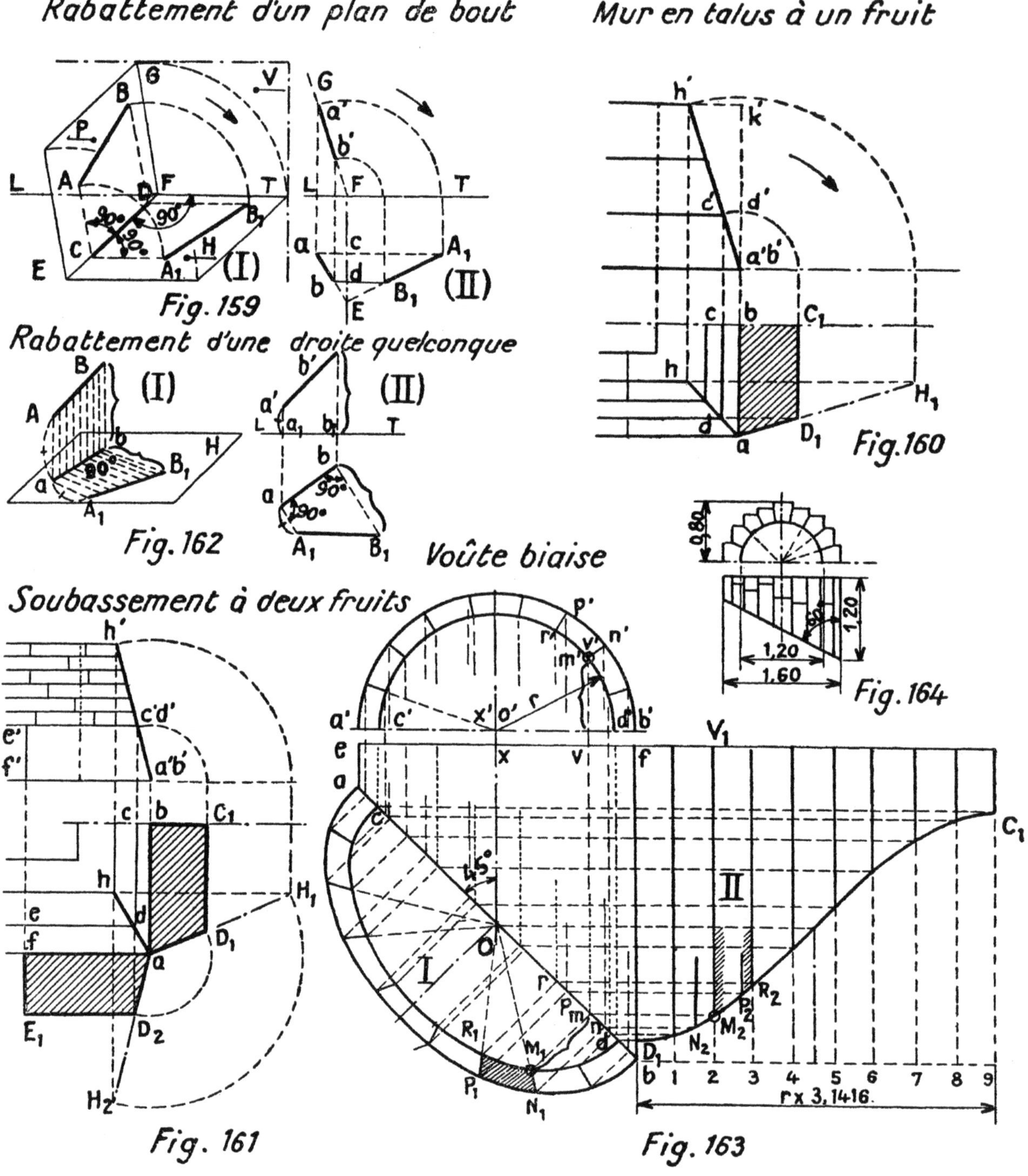

Fig. 161

Fig. 163

Planche 24

VRAIES GRANDEURS

127. **Vraie grandeur d'une droite située dans un plan de bout.** — Un plan P est dit *de bout* (fig. 159) lorsqu'il est perpendiculaire au plan vertical de projection V; son intersection EF avec le plan horizontal de projection H (ou *trace horizontale*) est perpendiculaire à la ligne de terre LT; sa *trace verticale* est GF.

Rabattre le plan P sur le plan H, c'est le faire tourner autour de sa trace horizontale EF comme charnière jusqu'à ce qu'il coïncide avec le plan H.

Soit une droite AB du plan P. Les perpendiculaires AC et BD abaissées sur la charnière EF se rabattent en CA_1 et DB_1 perpendiculaires à EF; par suite, *A_1B_1 est la vraie grandeur de AB.*

128. Application. — *Intersection de deux murs en talus.* — 1° Dans un mur en talus (fig. 160), on appelle *fruit* l'inclinaison de ce mur, de dehors en dedans par rapport à la verticale; c'est donc le rapport $\frac{h'k'}{b'k'}$.

Les deux murs en talus représentés par la figure 160 ont le même fruit. Il n'en est pas de même dans le cas de la figure 161, puisque l'on a $ef > cb$.

Le parement projeté suivant *abcd* et *a'b'c'd'* est un plan de bout (fig. 157). Sa vraie grandeur abC_1D_1 se construit par rabattement autour de *ab*.

Il en est de même dans le cas de la figure 158; en déduire la vraie grandeur afE_1D_2 du parement en avant en prolongeant *cd* et en portant aD_1 en aD_2.

Dans les deux cas, le rabattement de l'arête (*ah*, *a'h'*) est aH_1.

129. **Vraie grandeur d'une droite quelconque.** — Le quadrilatère AB*ba* qui détermine la projection horizontale *ab* d'une droite AB (fig. 162, I) se rabat en abB_1A_1. Pour construire ce trapèze dans l'épure (fig. 162, II), mener à *ab* les perpendiculaires aA_1 et bB_1 telles que $aA_1 = a'a_1$ et $bB = b'b_1$.

130. Application. — *Voûte biaise.* — Soit une voûte donnée en plan et en élévation (fig. 163); elle est dite *biaise*, parce que son plan de tête ou parement projeté horizontalement suivant *ab* n'est pas perpendiculaire à son axe dont la projection horizontale est O*x*. Dans le cas considéré, *ab* fait un angle de 45° avec O*x*.

1° Pour déterminer la vraie grandeur des parements des 9 voussoirs, rabattre le plan de tête autour de *ab* (I): le point (*m*, *m'*) se rabat en M_1, (*n*, *n'*), en N_1 et ainsi de suite. Les deux courbes qui joignent les points ainsi obtenus sont des demi-ellipses dont les grands axes sont *ab* et *cd*; les joints de tête rabattus limitent les vraies grandeurs des 9 parements: ainsi $M_1N_1P_1R_1$ est la vraie grandeur de celui qui se projette verticalement suivant *m'n'p'r'*.

2° Pour construire le développement de la face courbe de dessous ou *intrados*, développer en (II) le demi-cylindre de rayon *r* avec les joints équidistants et, sur les rabattements de ces joints, porter l'éloignement des points correspondants: ainsi, *m* donne M_2; *r* donne R_2... La courbe $D_1M_2R_2C_1$ qui joint les points obtenus limite les développements cherchés : M_2R_2 correspond à l'arc (*mr*, *m'r'*); N_1P_2 correspond de même à la portion (*np*, *n'p'*) de l'arête d'*extrados*.

131. **Exercices proposés. — 1° Représenter, à l'échelle 0,1, une porte biaise (fig. 164); puis, construire les vraies grandeurs des parements des voussoirs et des joints de tête ainsi que le développement des faces d'intrados.**

2° Même épure dans le cas d'*une porte biaise* à arc surbaissé: (ouverture 1,20 m, flèche 0,20 m.

PL.25 **COUPE DES PIERRES**

I. Voûte conique

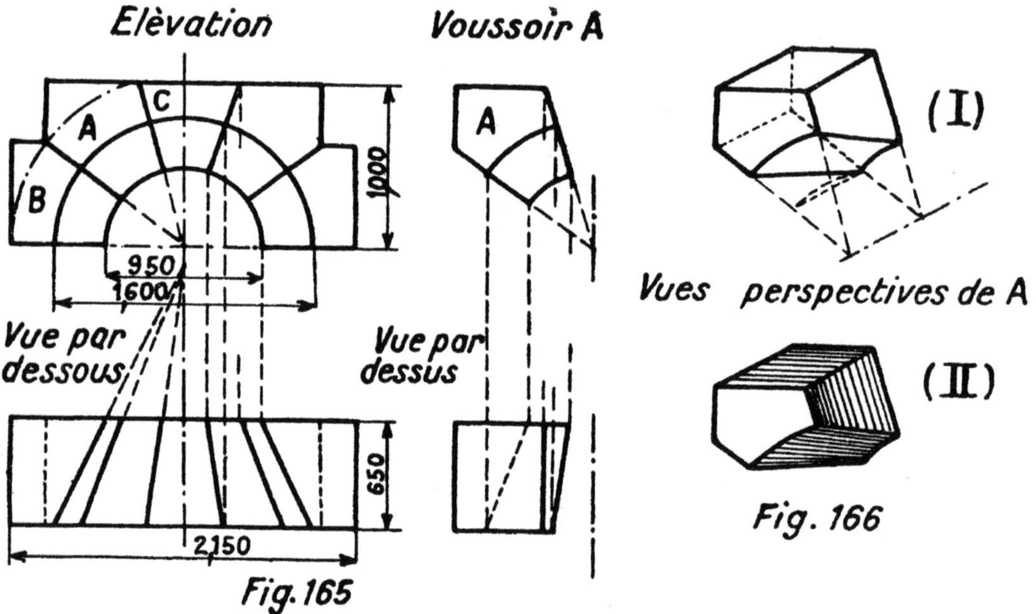

Fig. 165

Fig. 166

II. Corne de vache.

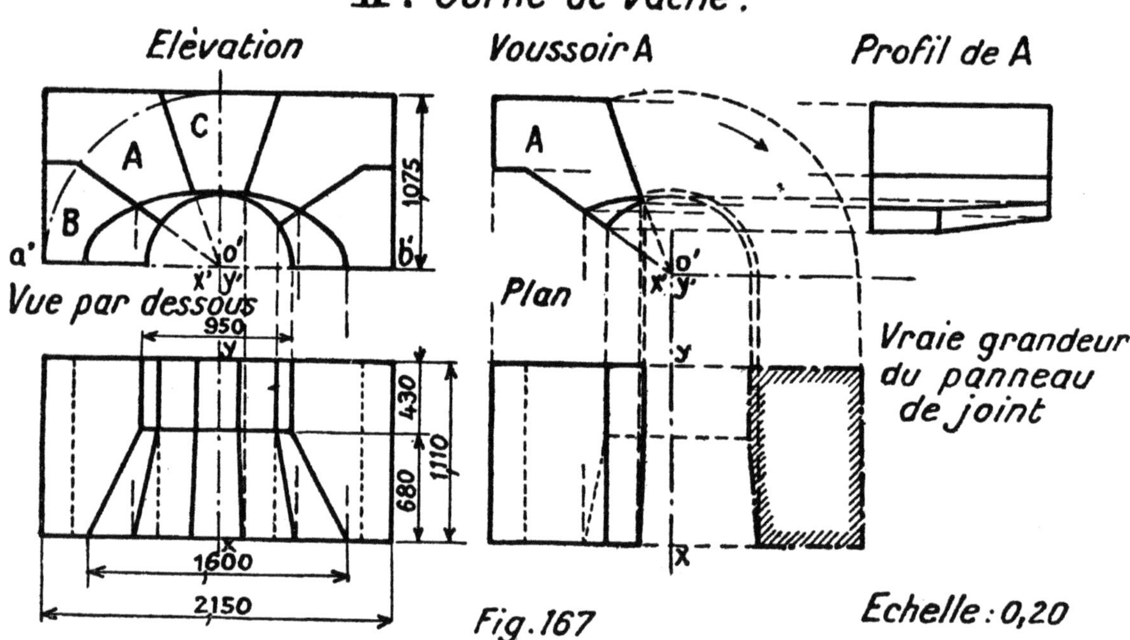

Fig. 167

Echelle : 0,20

LECTURE DE DESSIN

132. **Utilité.** — Les croquis cotés d'après nature et les épures doivent être accompagnés d'exercices gradués de lecture de dessin.

Le but à atteindre est, en effet, d'habituer les apprentis à lire, sans hésitation et sans erreur, les dessins cotés d'après lesquels ils devront exécuter les ouvrages représentés.

Isoler les diverses parties d'un dessin d'ensemble complet, en faire le croquis coté et la perspective, puis, déterminer, s'il y a lieu, les vraies grandeurs utiles sont d'excellents exercices.

Ceux qui sont proposés ci-dessous compléteront les exercices résolus de la pl. 25; ils sont donnés à titre d'exemples.

Planche 25

COUPE DES PIERRES

133. **Voûte conique.** — La voûte conique représentée par la figure 165 a la forme générale d'un demi-tronc de cône; l'élévation et la vue par dessous sont construites par analogie avec ce qui a été dit au § 93.

Le voussoir A a été isolé (fig. 165 et 166).

134. **Corne de vache.** — Tandis que dans la voûte conique les deux bases étaient des demi-circonférences, dans la *corne de vache,* les bases sont de natures différentes. Dans le cas de la fig. 167, la courbe du parement est une demi-ellipse, tandis que la base en arrière est une demi-circonférence.

Remarquer que les joints sont normaux à cette dernière, c'est-à-dire que, prolongés dans l'élévation, ils convergent au centre O′; dans l'espace, ils passent par l'axe (xy, $x'y'$).

Le voussoir A a été isolé et le panneau de joint construit (fig. 167).

135. Exercices a résoudre. — 1° Isoler les voussoirs B et C de la voûte conique (fig. 165); les représenter en élévation, plan et profil.

2° Construire les panneaux de joints de chacun des trois voussoirs A, B, C (fig. 166).

3° Isoler les voussoirs B et C de la corne de vache (fig. 167); les représenter en élévation, plan, profil et perspective cavalière.

4° Construire les panneaux de joints de B (fig. 167).

PL. 26

PORTE EN TALUS

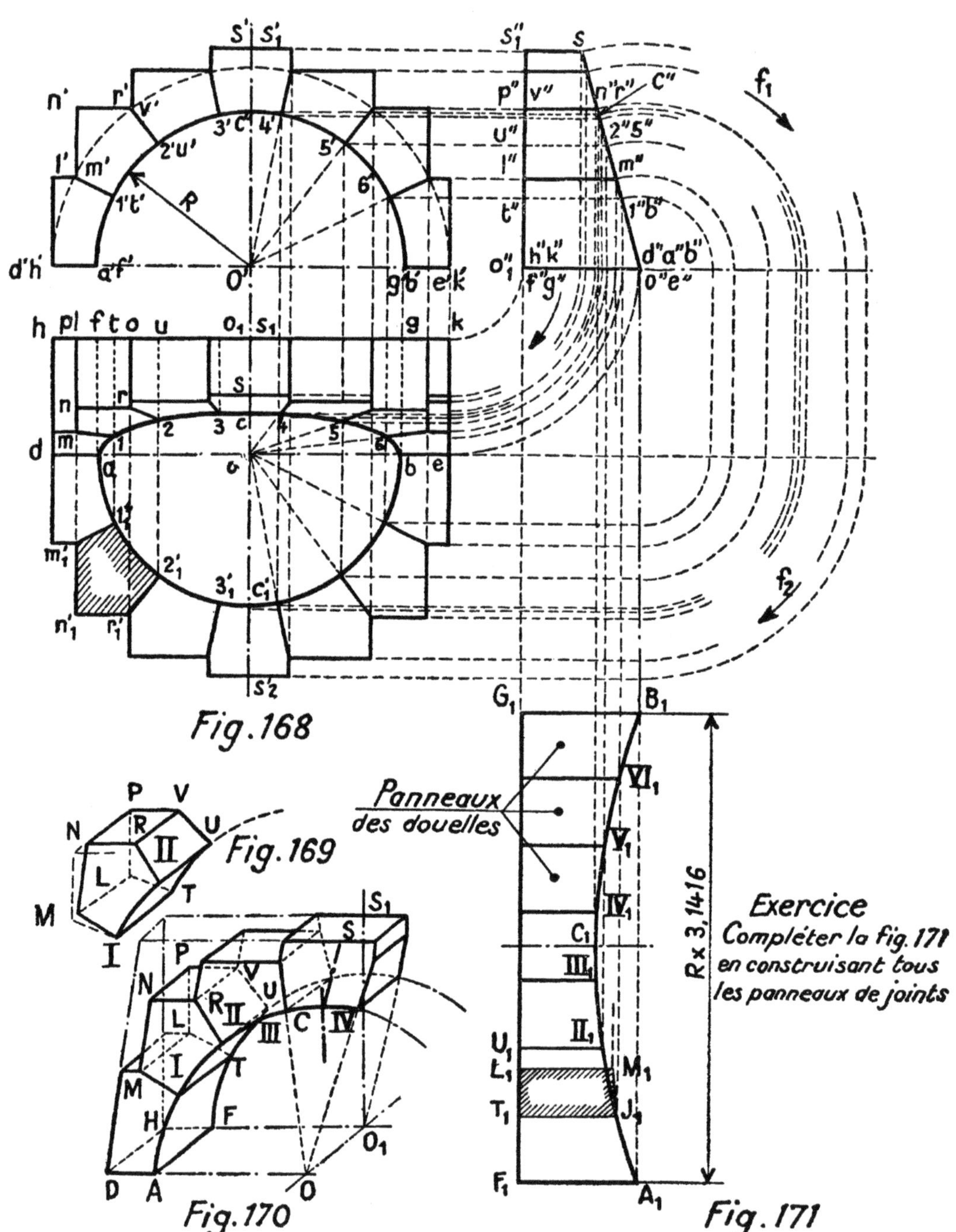

Fig. 168

Fig. 169

Fig. 170

Fig. 171

Planche 26

PORTE EN TALUS

136. Définition. — Une porte est dite *en talus* lorsque son parement extérieur est en talus (§ 128). Celle qui est représentée par la figure est à plein cintre.

137. **Projections.** — Tracer d'abord l'élévation et le profil et en déduire le plan, point par point, comme il a été indiqué au § 76. Remarquer que l'intrados est coupé par le parement oblique suivant une demi-ellipse de grand axe *ab* et dont le petit axe se projette horizontalement suivant *oc*.

138. **Panneaux de lits.** — La vraie grandeur des panneaux de lits est donnée par la projection horizontale: par exemple, la face horizontale NPVR du panneau qui a été isolé (fig. 169) se projette en vraie grandeur suivant le rectangle *npvr* (fig. 168).

139. **Panneaux des parements.** — 1° Le parement intérieur de chacun des voussoirs étant de front se projette horizontalement sur *hk* et verticalement en vraie grandeur; ainsi, le parement PVUTL du voussoir, déjà considéré (fig. 169), se projette en vraie grandeur suivant $p'v'u't'l'$ (fig. 168).

2° Pour déterminer les *panneaux de tête*, rabattre le parement extérieur sur le plan horizontal comme l'indiquent les flèches f_1 et f_2; en particulier, la face I II RNM se rabat en $1'_1 2'_1 r'_1 n'_1 m'_1$ (fig. 168).

140. **Panneaux des douelles** (1) **et des facés de joints.** — 1° Pour développer la surface d'intrados, prolonger la ligne $s''f''$ du profil (fig. 171); prendre $G_1F_1 = \pi R$; diviser G_1F_1 en autant de parties égales qu'il y a de voussoirs, soit 7; et, par les points de division, mener les perpendiculaires F_1A_1, $T_1 — I_1$, $U_1 — II_1$, ..., à G_1F_1; ces dernières correspondent aux joints des douelles; porter sur chacune d'elles sa vraie longueur relevée dans le profil : $F_1A_1 = f''a''$, $T_1 — I_1 = t'' — 1''$, $U_1 — II_1 = u'' — 2''$ ... Enfin, joindre les points obtenus A_1, I_1, II_1 ... B_1.

2° Pour déterminer, par exemple, la face de joint MLT-I, porter $T_1L_1 = t'l'$, mener par L_1 la parallèle à $T_1 — I_1$; prendre $L_1M_1 = lm$ et mener $M_1 — I_1$; le trapèze rectangle $T_1L_1M_1 — I_1$ est le panneau de joint.

141. Exercices proposés. — Construire tous les panneaux des faces de joints de la porte étudiée ci-dessus.

(1) *Douelle,* surface intérieure d'un voussoir. L'ensemble des douelles constitue l'*intrados.*

PL. 27 LIMON COURBE D'ESCALIER

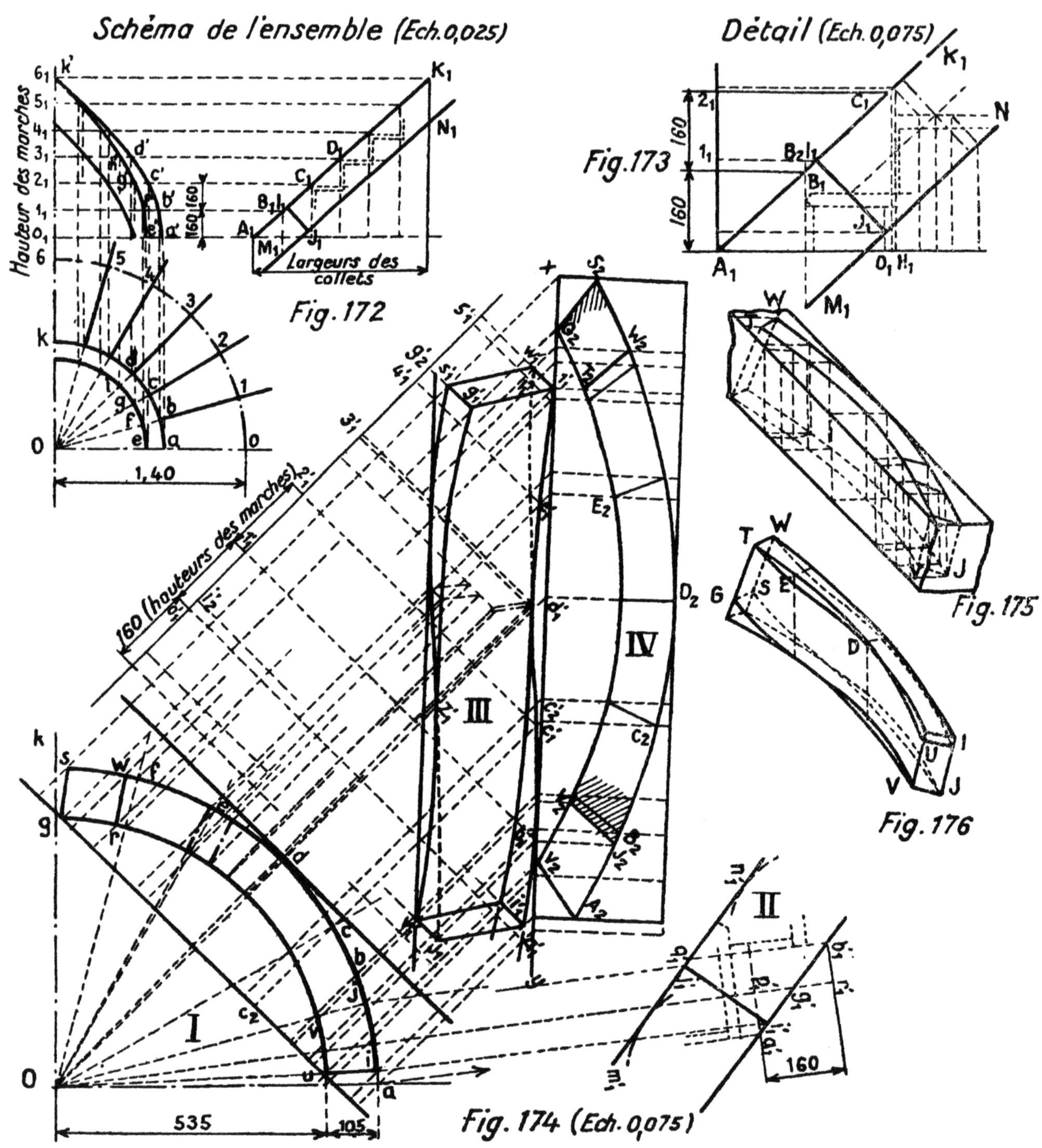

Fig. 172

Fig. 173

Fig. 174 (Ech. 0,075)

Fig. 175

Fig. 176

Planche 27

LIMON COURBE D'ESCALIER

142. **Projections.** — La projection horizontale d'un limon courbe d'escalier est formée par deux circonférences concentriques de rayons O*a* et O*e* (fig. 172).

Pour déterminer la projection verticale, prolonger le rayon O-6, porter les hauteurs des marches de O_1 à 6_1 (il y en a 6 dans le cas considéré) et appliquer le tracé du § 126; puis construire la transformée A_1K_1 de l'hélice intérieure de la facé dé dessus comme il a été indiqué au § 126 et figurer deux marches consécutives (fig. 172 et 173), afin de trouver la hauteur verticale B_1M_1 du limon et sa largeur I_1J_1.

143. Epure. *a*) ***Position des joints.*** — Pour placer le joint inférieur, relever B_2I_1 dans la figure 173 et le porter en *ai* (fig. 174, I); porter, de même, Q_1H_1 en *bj*; mener *iu* dont le prolongement passe au centre O et la parallèle *jv* à *iu*.

Opérer de même pour le joint supérieur *sgtw*.

Si le développement n'a pas été construit, la mise en place des joints peut être effectuée comme il suit :

1° Sur la bissectrice Or'_1 de l'angle *a*O*b*, porter une hauteur de marche $r'_1p'_1$ (II) et déterminer les points d'intersection a'_1, b'_1 des lignes de rappel des points *a* et *b* et des perpendiculaires menées à Or'_1 par les points p'_1, r'_1; mener $a'_1b'_1$ et, en figurant deux marches consécutives, déterminer $b'_1q'_1$ et $m'_1n'_1$.

2° Placer le joint $i'_1j'_1$ et en déduire *iu*, *jv* (1).

b) ***Calibres rallongés.*** — 1° Mener *gu* et la perpendiculaire O'-$6'_1$ à cette droite; porter les hauteurs des marches sur o'_1-$6'_1$ et, par les points o'_1, $1'_1$, ..., 6_1, mener à *gu* les parallèles qui coupent les parallèles menées à *gu* par les points correspondants *a*, *b*, *c* ... *s* aux points a'_1, b'_1, c'_1 ... s'_1 de la nouvelle projection verticale (III). Joindre a'_1, b'_1 ... g'_1 d'autre part, u'_1, d'_1, ... t'_1, d'autre part, et déduire des courbes hélicoïdales ainsi tracées les hélices de dessous, en portant sur les lignes de rappel la hauteur constante $b'_1q'_1$: ainsi, $d'_1z'_1 = b'_1q'_1 = B_1M_1$.

2° Tracer *xy* tangente à la projection obtenue (III), prolonger jusqu'à cette droite les lignes de rappel et, par les points de rencontre tels que c'_2, mener les perpendiculaires à *xy*; porter sur ces dernières les distances des points *i*, *j*, *b*, *c*... à la droite *gu* (ainsi, $c'_2C_2 = cc_2$) et joindre les points ainsi déterminés: de A_2 à W_2 et de U_2 à T_2 pour le calibre de dessus; de J_2 à S_2 et de V_2 à G_2 pour celui de dessous (les figures 175 et 176 éclairent les explications qui précèdent en montrant l'utilisation des deux calibres pour l'exécution du limon).

144. Remarque. — Lorsque les joints sont brisés (*crochets* ou *crossettes*), on les place sur le développement (fig. 173) et on les reporte en (I) (fig. 174). A titre d'indication, l'une de ces crossettes a été figurée en trait mixte dans les figures 173 et 174.

(1) Tracés approximatifs, mais suffisamment approchés pratiquement; en réalité, en effet, seule l'arête de dessus (*iu*, *i'u'*) est rectiligne; les trois autres arêtes du joint sont des lignes courbes.

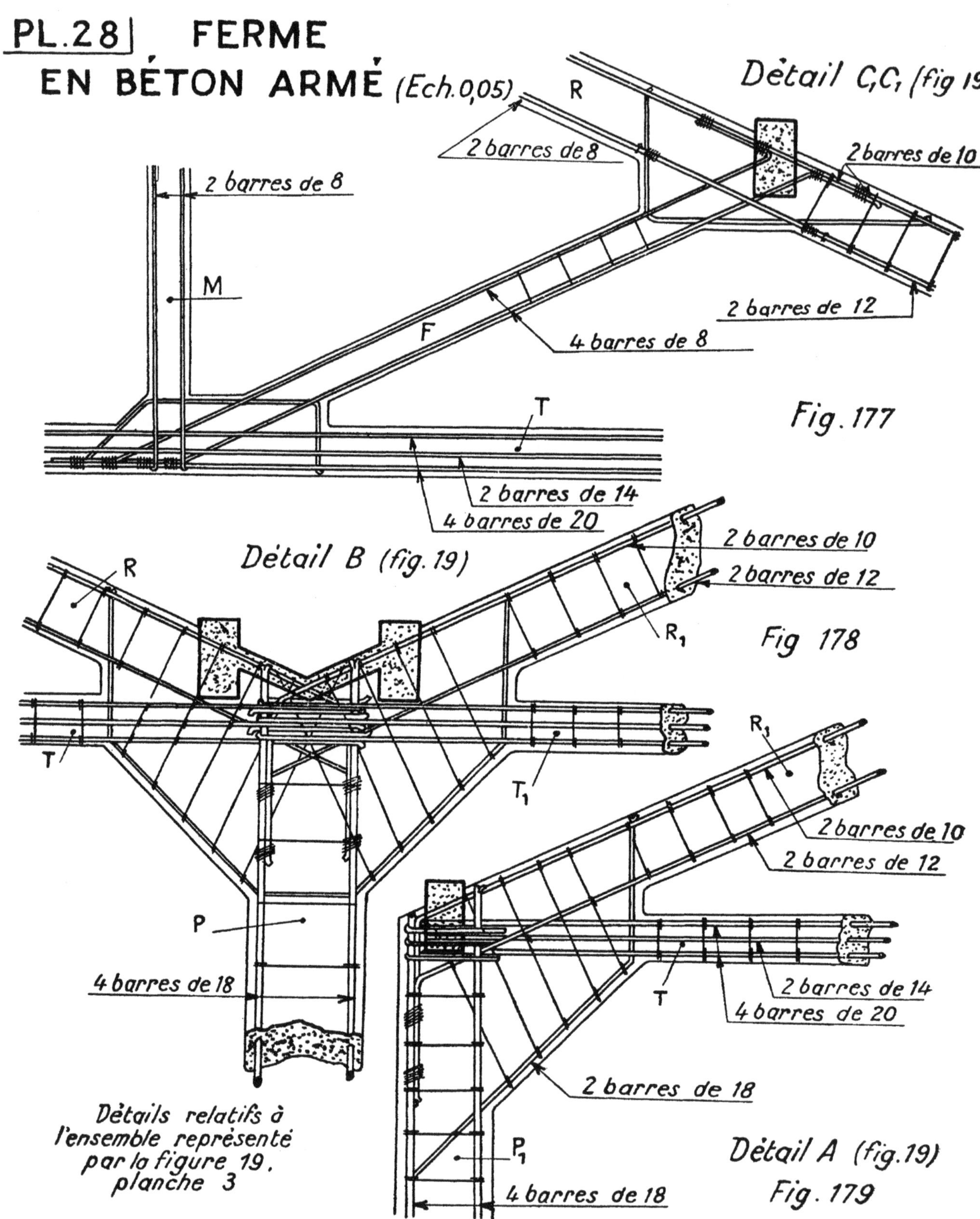
PL.28 FERME
EN BÉTON ARMÉ (Ech.0,05)
Détail C,C₁ (fig 19)
R
2 barres de 8
2 barres de 8
2 barres de 10
M
2 barres de 12
F
4 barres de 8
T
Fig. 177
2 barres de 14
4 barres de 20
Détail B (fig. 19)
R
2 barres de 10
2 barres de 12
R₁
Fig 178
T
T₁
R₁
2 barres de 10
2 barres de 12
P
4 barres de 18
2 barres de 14
T
4 barres de 20
2 barres de 18
Détails relatifs à
l'ensemble représenté
par la figure 19,
planche 3
P₁
Détail A (fig.19)
Fig. 179
4 barres de 18

Planche 28

FERME EN BÉTON ARMÉ

145. **Détails.** — Les détails contenus dans la planche 28 (fig. 177, 178 et 179) se rapportent à la ferme triangulée dont l'élévation est représentée par la figure 19 (planche 3).

Ils comprennent :

1° dans la figure 177, l'assemblage du *montant* M et de la *contre-fiche* F avec le *tirant* T ainsi que l'assemblage de la même contre-fiche avec l'*arbalétrier* R;

2° dans la fgiure 178, l'assemblage des deux arbalétriers R et R_1 avec les tirants T et T_1 et le poteau P;

3° dans la figure 179, l'assemblage de l'arbalétrier R_1 avec le tirant T et le poteau P_1.

146. **Exercices proposés. — 1° Représenter la section de chacune des parties que constituent la ferme ci-contre (fig. 177, 178 et 179).**

2° Etablir la nomenclature de tous les fers entrant dans les armatures des pièces M, F, T et P (fig. 177, 178 et 179).

DESSIN D'IMAGINATION

147. **Utilité.** — Les exercices d'imagination consistent soit dans une modification à apporter à un ouvrage, soit dans la représentation d'un ouvrage conçu par l'élève. L'exercice 7 de la page 15 et ceux du § 148 en sont des exemples; en voici un autre :

Représenter, en croquis coté et en épure, une corne de vache dans laquelle le centre de l'arc de cercle qui constitue la petite base en arrière se trouve à 100 mm au-dessous de la ligne de naissance a′b′ (fig. 167). (Les autres cotes sont celles de cette dernière figure. L'échelle de l'épure sera, par exemple, $\frac{1}{2}$).

Planche 29

148. **Exercice. — 1° Représenter, à l'échelle 0,2 et au crayon, le perron représenté dans la figure 29.**

2° A la même échelle, construire les diverses vues utiles d'un perron analogue au précédent, mais comprenant deux marches de plus. Modifier la section du limon.

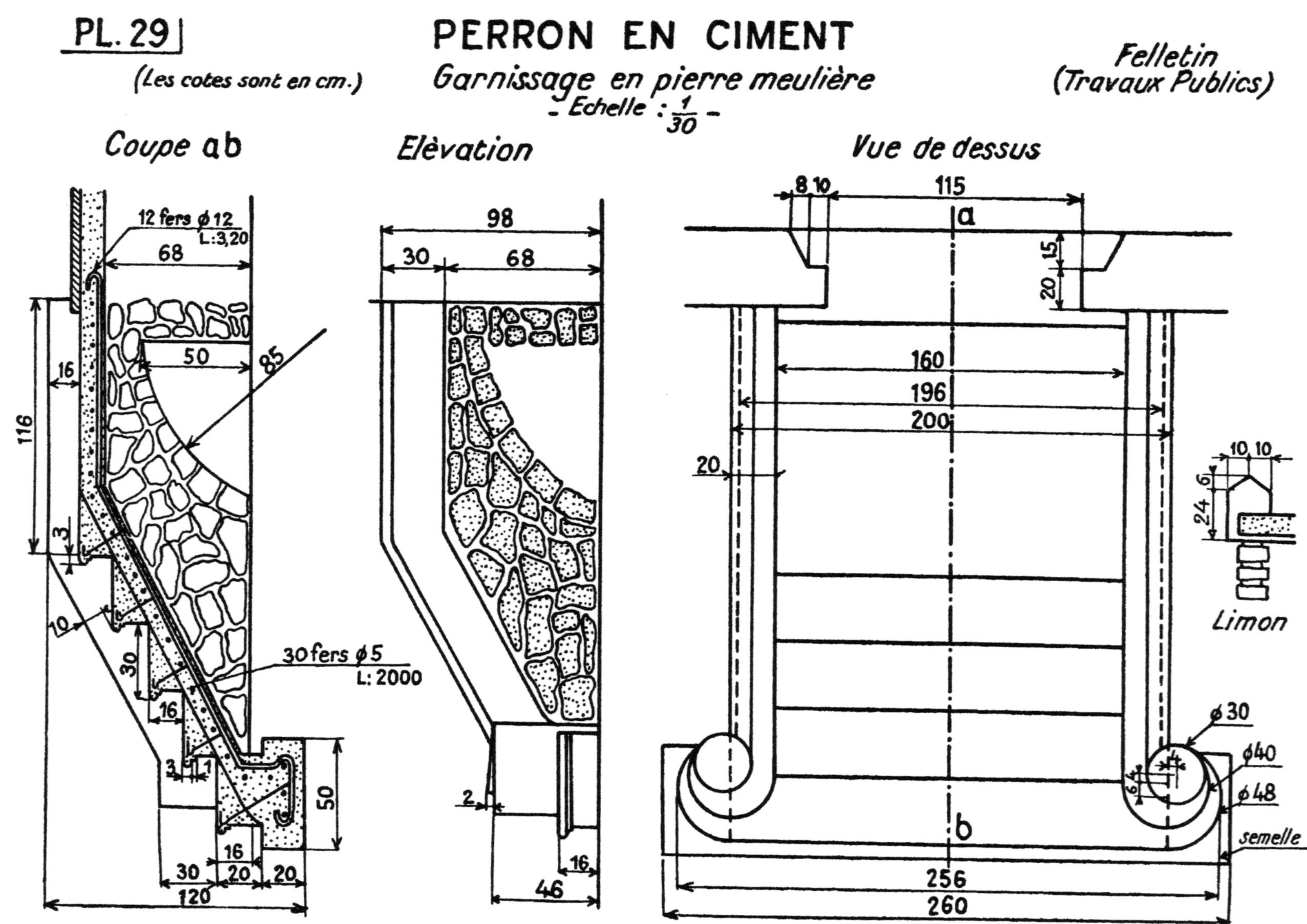
PL. 29
PERRON EN CIMENT
(Les cotes sont en cm.)
Garnissage en pierre meulière
- Echelle : 1/30 -
Felletin
(Travaux Publics)
Coupe ab
Elèvation
Vue de dessus
12 fers ϕ 12
L: 3,20
68
50
85
116
16
3
10
30
16
3
1
30 fers ϕ 5
L: 2000
50
16
30
20
20
120
98
30
68
2
16
46
8
10
115
a
15
20
160
196
200
20
10 10
6
24
Limon
ϕ 30
4
ϕ40
6
4
ϕ48
b
semelle
256
260

ÉPREUVES D'EXAMEN (C.A.P.)

Planche 30

CHEMINÉE. — Reproduire le dessin ci-contre à l'échelle 1/5.

Temps accordé : 2 heures.

Planche 31

PETITE BAIE. — 1° Représenter, à l'échelle 1/10, l'élévation, la coupe verticale suivant *ab* et la coupe horizontale *cd*.

2° Par rabattement, déterminer le panneau de joint de la clé.

3° Par une perspective cavalière, représenter la contre-clé de droite.

(Figurer toutes les lignes cachées et coter complètement).

Durée de l'épreuve : 4 heures.

Planche 32

MUR DE VILLA. — D'après la perspective donnée, représenter, à l'échelle 5/100, la vue de face, la coupe verticale suivant l'axe et la coupe horizontale au-dessus de l'appui de la fenêtre.

Durée de l'épreuve : 4 heures.

Planche 33

PETITE VILLA. — Dessiner les coupes *ab* et *cd* à l'échelle de 2 cm par m. (Epaisseur du mur : 50 cm).

Temps d'exécution : 2 heures.

Planche 34

JARDINIÈRE. — 1° Représenter, à l'échelle 1/30, la jardinière à l'aide des vues suivantes :

vue de face (élévation) ;
vue de gauche avec 1/2 coupe suivant l'axe;
1/2 vue de dessus de la partie gauche;
1/2 vue de dessous de la partie droite.

(Les deux demi-vues seront placées toutes les deux au-dessous de l'élévation).

2° Perspective cavalière à main levée de la jardinière.

Durée : 8 heures.

PL.30

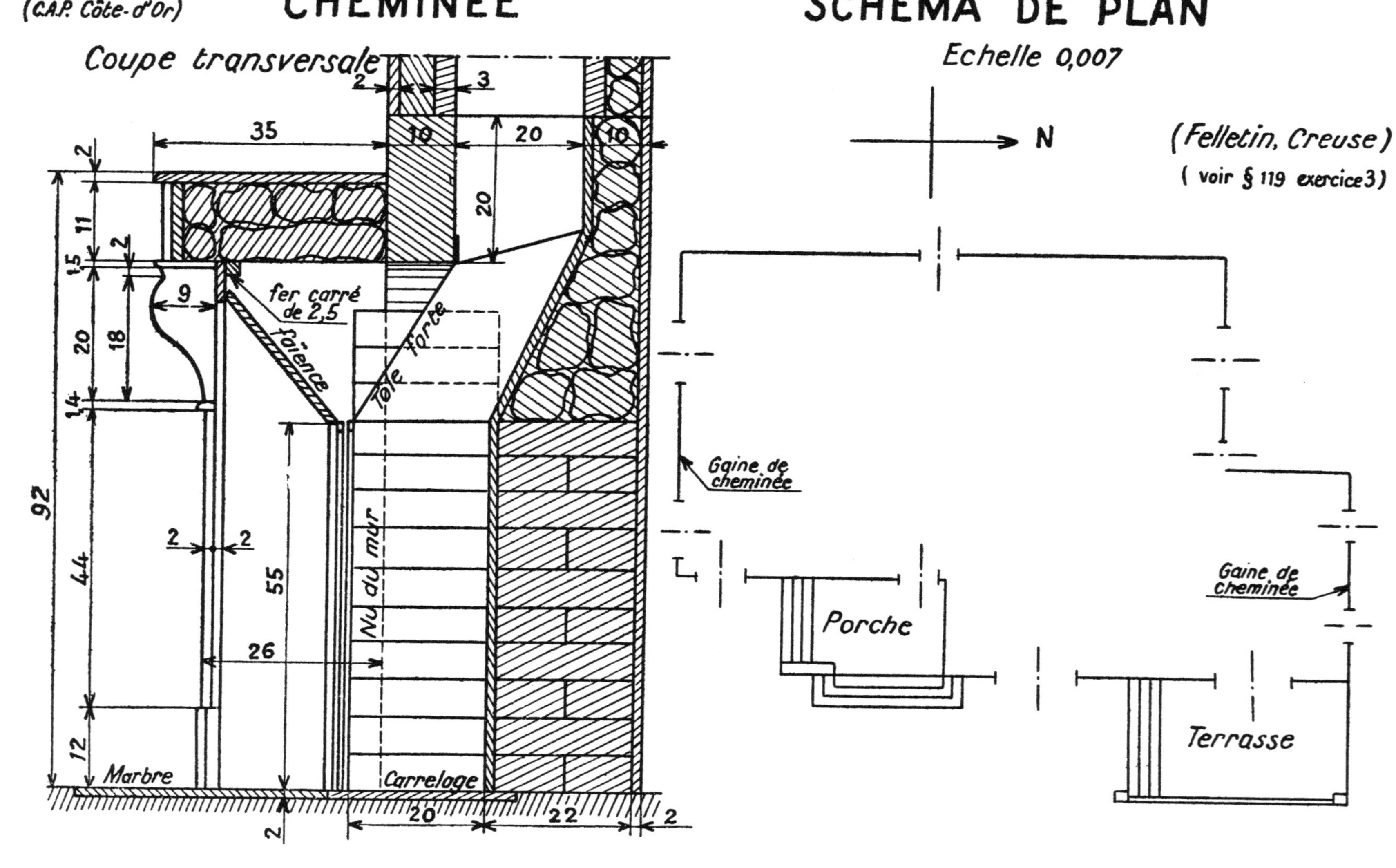

Echelle : 0.1 . Cotes en cm. –

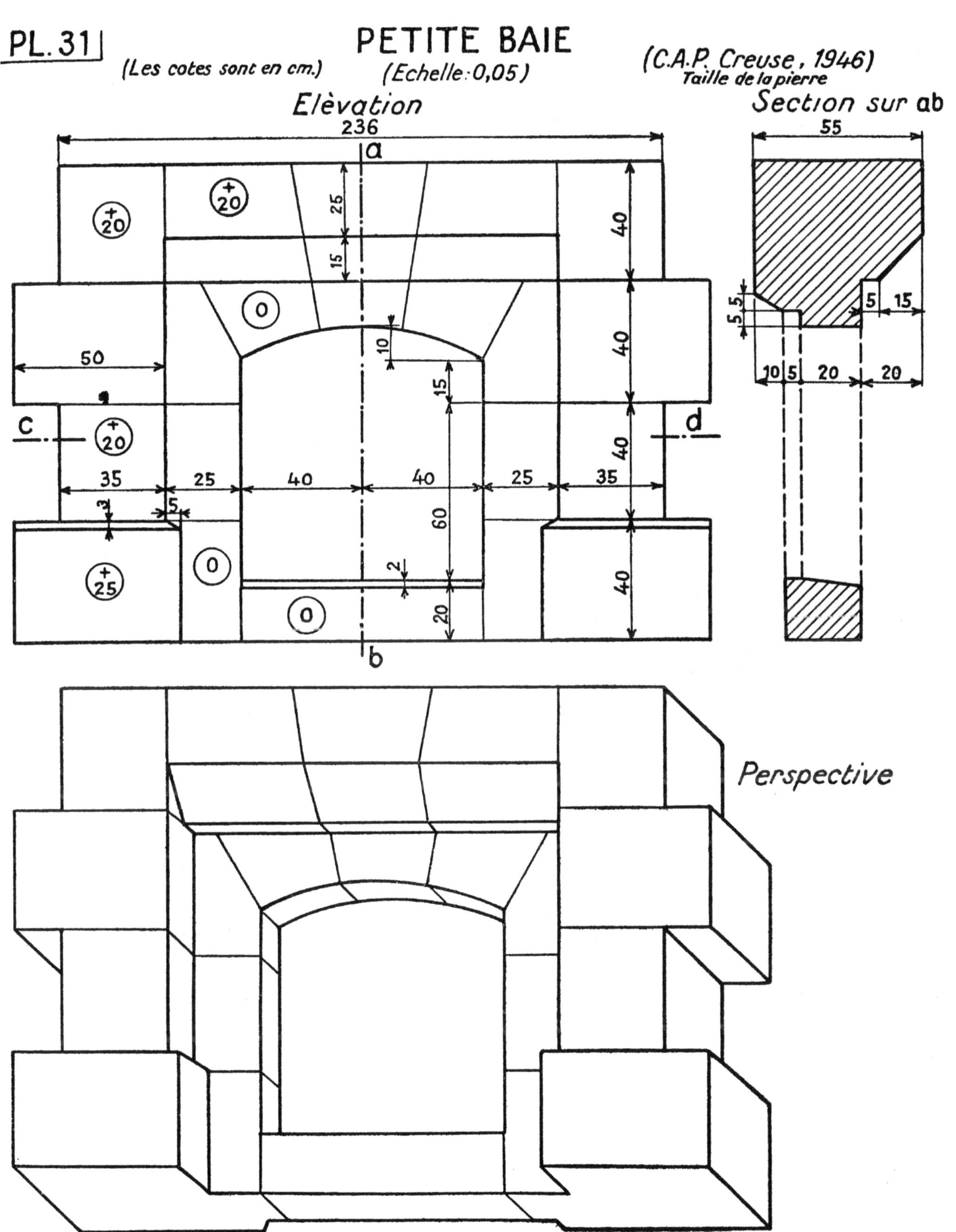
PL. 31
PETITE BAIE
(Les cotes sont en cm.)
(Echelle: 0,05)
(C.A.P. Creuse, 1946)
Taille de la pierre
Elèvation
Section sur ab
236
55
a
b
c
d
50
35
25
40
40
25
35
60
20
15
10
5
3
2
Perspective

PL. 32

MUR DE VILLA

Echelle : 0,04

C.A.P Creuse
1946

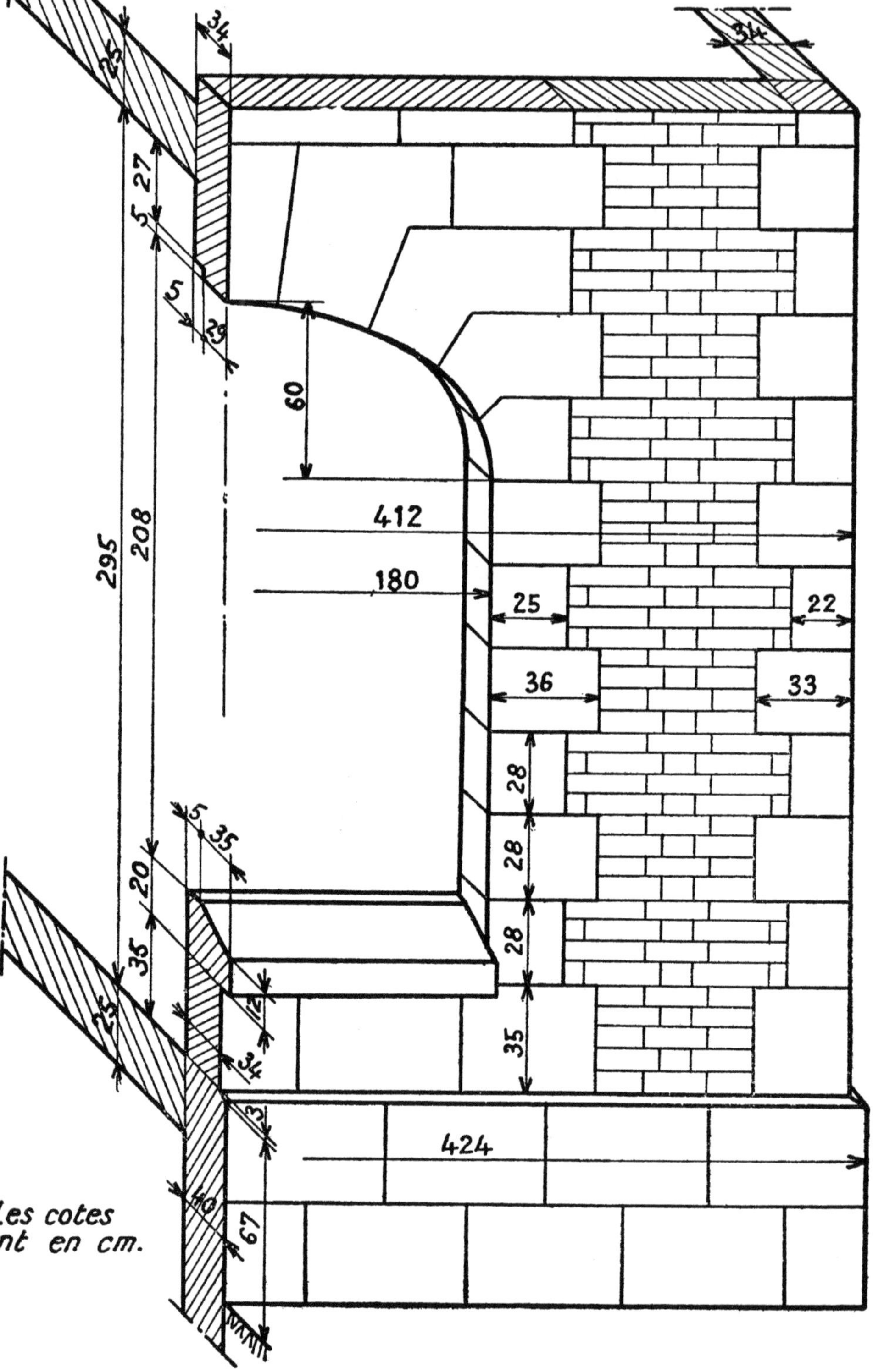

Les cotes sont en cm.

PL. 33

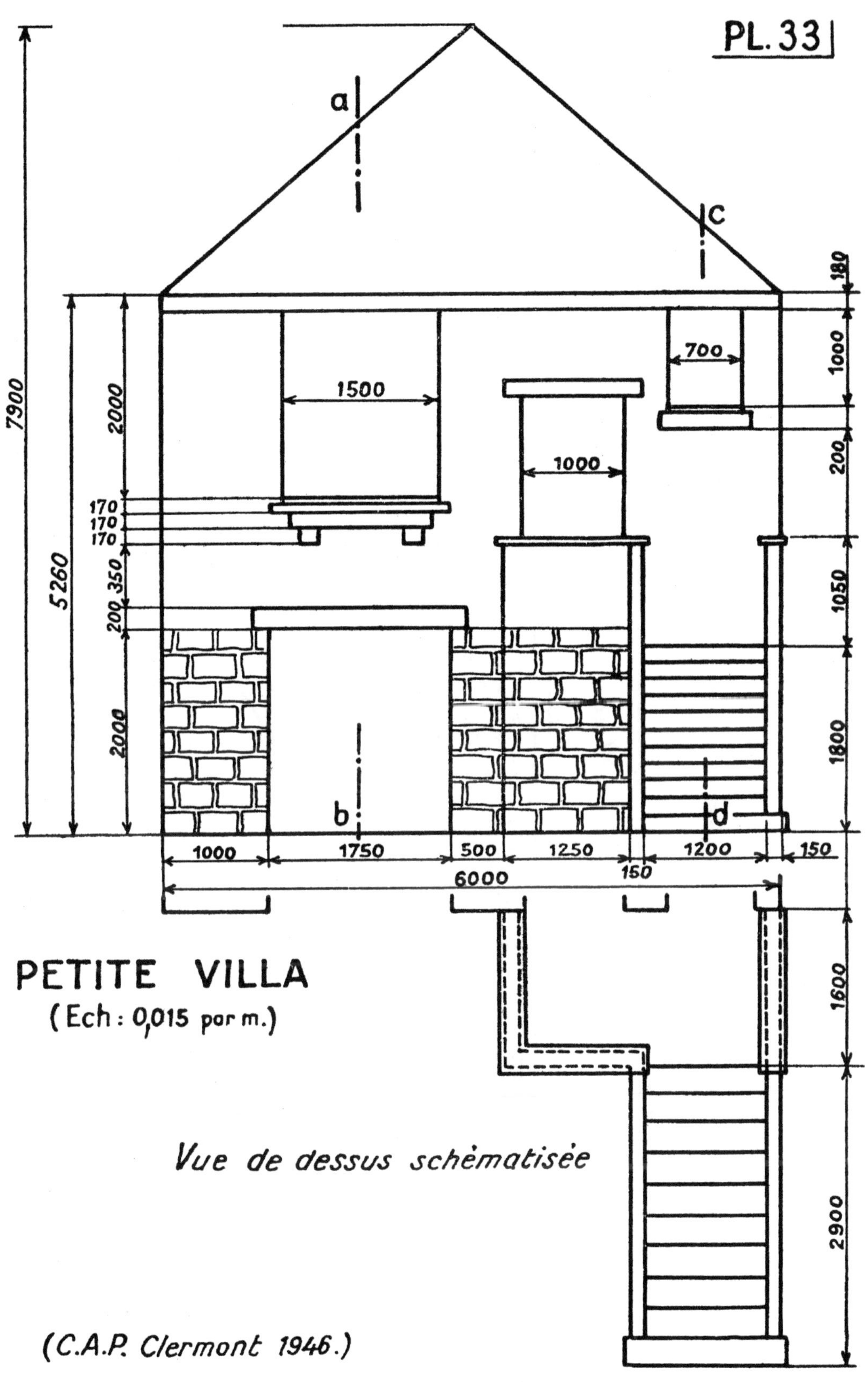

PETITE VILLA

(Ech : 0,015 par m.)

(C.A.P. Clermont 1946.)

PL.34

JARDINIERE

(Echelle 0,02)

Tailleurs de pierre
CAP. Creuse
(8 heures)

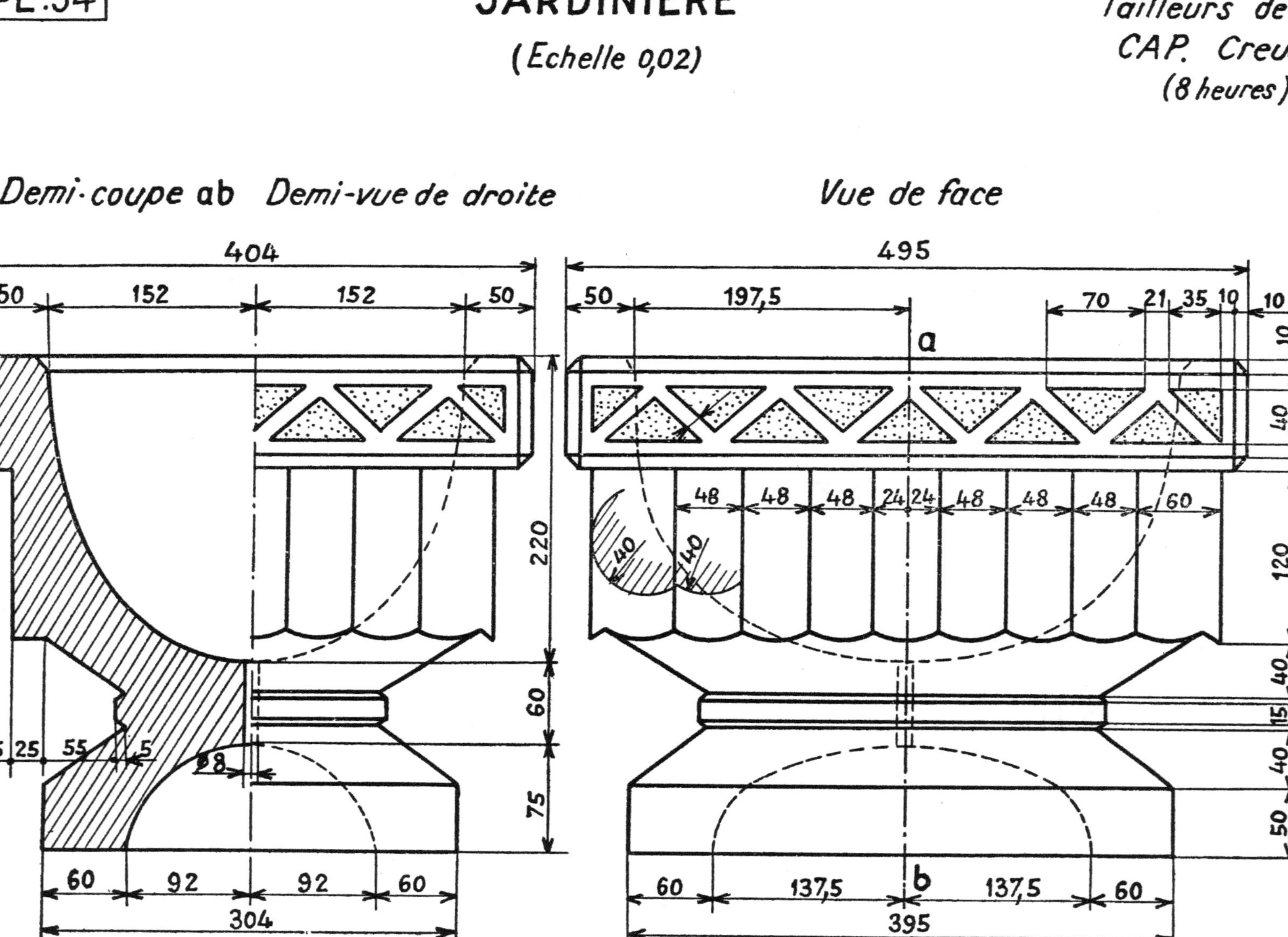

TABLE DES MATIÈRES

www.ingramcontent.com/pod-product-compliance
Ingram Content Group UK Ltd.
Pitfield, Milton Keynes, MK11 3LW, UK
UKHW051117220726
13924UKWH00008B/2265